BRAHMA KUMARIS
ANGEL OF SHIVA

कुमार करें कमाल

आंतरिक क्रांति की ओर एक सशक्त कदम

राजयोगी भ्राता बीके डॉ सचिन

BK Dr Sachin

पांडव भवन में 23 से 29 अप्रैल 2026 के दौरान
आयोजित 7 दिवसीय कुमार भट्ठी का दिव्य संकलन

notionpress.com

INDIA · SINGAPORE · MALAYSIA

Angel of Shiva
https://linktr.ee/Angelofshiva

लेखन : राजयोगी भ्राता बीके डॉ सचिन

पहला संस्करण : June 2026 । भाषा : हिन्दी । श्रेणी : आध्यात्मिक काव्य-संग्रह

प्रकाशक :
Angel of Shiva Team
पता : Abu Raj, Rajasthan
ईमेल : angelofshiva1@gmail.com, angelofshiva108@gmail.com
मोबाइल : +91 95223 95350
वेबसाइट : https://angelofshiva.in | https://angelofshiva.com

भारत में मुद्रित एवं बाउण्ड

ISBN
Paperback 979-8-90510-475-6
Hardcase 979-8-90510-476-3

राजयोगी भ्राता बीके डॉ सचिन

आप 2003 से इस ईश्वरीय ज्ञान मार्ग में तीव्र उड़ान भर रहे हैं। आपका अलौकिक जन्म मधुबन वरदान भूमि में डायरेक्ट अव्यक्त बापदादा की रूहानी नज़रों में वरदानी बोलों से डायमंड हॉल में हुआ। उसी क्षण आपकी परमात्म खोज की यात्रा पुरी हुई और प्रभु-प्रेम के अनुभव ने आपका दिल द्रवीभूत कर दिया और तब से आपके दिल में यही धुन लगी रहती कि ये प्रभु-प्रेम की सतत धारा हर आत्मा में प्रवाहित करते रहे।

ईश्वरीय ज्ञान–योग की परम रूचि तथा तीव्र पुरुषार्थ की लगन के आधार से आपने बहुत ही कम समय में यज्ञ में एक प्रेरणादायी व्यक्तित्त्व का स्थान बनाया है। एकांत में ज्ञान सागर की गहराईयों में उतर कर, खुद को ज्ञान रत्नों के हीरे-मोती से सम्पन्न बनाकर औरों में इन्हें बांटने की खूबी आपके अंदर स्वयं परमात्मा ने भरी है। रमणीक विषयों पर क्लासेस के द्वारा और मुरलियों के सुन्दर रिवीजन द्वारा आप सबको ज्ञान के मंथन की कला से अवगत कराते है। आपकी क्लासेस से नए आने वाले भाई बहनों को भी ईश्वरीय ज्ञान और पुरुषार्थ की क्लैरिटी तथा कम समय में बहुत आगे बढने का मार्गदर्शन मिलता हैं।

किशोरावस्था से ही आपके चिंतनशील मन को सत्य और भगवान की गहन खोज की ललक थी जिसने आपको आतंरिक यात्रा पर फोकस कराया। परमात्म प्राप्ति के लिए एक तरफ आपने हिन्दू धर्म के शास्त्रों, वैदिक संस्कृति, उपनिषद, भगवद गीता आदि का विवेचन किया तथा दूसरी तरफ वेस्टर्न फिलोसोफी, मनोविज्ञान, इतिहास, विश्व के विभिन्न धर्मों का भी गहन अध्ययन किया और ज्ञान में आने से पूर्व अनेक धार्मिक संस्थाओं, मठ आदि का भी भ्रमण किया।

कर्मयोगी जीवन का प्रैक्टिकल उदाहरण सचिन भाईजी वर्तमान में बाबा के ग्लोबल हॉस्पिटल में मेडिसिन डिपार्टमेंट के हेड (Head, department of medicine) हैं और कन्सलटंट फिजिशियन और ICU स्पेशलिस्ट (Consultant Physician & ICU Specialist) के रूप में अपनी बहुमूल्य सेवाएं प्रदान कर रहे हैं।

लगभग तीन वर्ष, मुंबई में BSES MG हॉस्पिटल, मुंबई के ICU/ICCU और P.D. हिंदुजा हॉस्पिटल, मुंबई में ICU में इंटेंसिविस्ट (intensivist) के तौर पर और अन्य कुछ हॉस्पिटल में कार्य करने के तदोपरांत मधुबन भूमि से विशेष प्यार होने के कारण आप अक्टूबर 2010 में पुनः ग्लोबल हॉस्पिटल आ गये और तब से लेकर आप यही पर अपनी डबल डॉक्टर के रूप में अथक सेवाएं दे रहे हैं।

रमणीकता और गंभीरता के अप्रतिम बैलेंस के साथ-साथ त्याग, तपस्या, सादगी से भरा आपका जीवन सभी में उमंग उत्साह की संजीवनी का संचार करने का माध्यम बनता हैं। आप बहुत अच्छे कवि भी हैं और प्रभु प्रेम, प्रकृति, एकांत, मन आदि थीम्स पर हिंदी और इंग्लिश भाषा में सैकड़ो कवितायें और गद्य की रचना आपने की है।

पांडव भवन में आपका एक तीव्र पुरुषार्थी ग्रुप एंजेल ऑफ़ शिवा हैं जहाँ पर आप ज्ञान और योग के नित्य नए-नए एक्सपेरिमेंट्स कराते हैं। सतत ज्ञान-अध्ययन एवं मनन के कारण आपकी बुद्धि में ईश्वरीय ज्ञान का खजाना भरपूर हैं तथा आपने योग की गहन अनुभूतियाँ भी की हैं, उसी आधार पर देश- विदेश की यात्राओं के दौरान योग - भट्टियों के माध्यम से आपने ब्राह्मण आत्माओं का पुरुषार्थ का प्रवाह तीव्र किया हैं।

अनुक्रमणिका

DAY 1

प्रभु का वो लाल है, करता कमाल है,
कोटों में कोई वो ब्रह्माकुमार है ...

वैज्ञानिक पियरे क्यूरी अपनी प्रयोगशाला में बैठे थे और टेबल पर अपना सिर रखकर झुके हुए थे। उनका एक विद्यार्थी उस लेबोरेटरी में आया और उसने देखा और सोचा कि शायद उसके सर प्रार्थना कर रहे हैं। उसने उन्हें परेशान करना उचित नहीं समझा और वह वापस जाने लगा, तभी पियरे क्यूरी सिर ऊपर करते हैं और उसको रुकने को कहते हैं और पूछते हैं, "क्या हुआ?" वह कहता है, "कुछ नहीं, बस मैं ऐसे ही आया था और मुझे लगा कि आप प्रेयर कर रहे हैं, इसलिए मैं जा रहा हूँ।" तब पियरे क्यूरी कहते हैं, "क्या हमारा जो कार्य है, वह भी एक प्रेयर नहीं है? क्या जो हम अनुसंधान करते हैं, वह भी एक प्रार्थना नहीं है? क्या हमारा रिसर्च भी अध्यात्म नहीं है?" इतिहास में यह एक ऐसा व्यक्ति हुआ, जिसने बहुत बड़ी-बड़ी खोजें कीं - रेडियोएक्टिविटी, क्रिस्टेलोग्राफ़ी, मैग्नेटिज़्म; उन्हें उनके युगल के साथ नोबेल प्राइज़ भी मिला, परंतु वह अत्यंत विनम्र और अत्यंत अननोटिस्ड रहे और कहा जाता है कि उन्होंने साइंस को कभी वर्क नहीं माना, साइंस को हमेशा एक द्वार समझा। यह उनका मानना था कि यह सृष्टि असंख्य रहस्यों और आश्चर्यों से भरी है और विज्ञान उन सीक्रेट्स को जानने का एक साधन है। उन्होंने अपने कर्म को ही सृष्टि के रहस्यों को समझने का एक साधन बना दिया।

इस सृष्टि में अनगिनत रहस्य भरे हैं। मनुष्य का मन व्यावहारिक है। वह हर चीज़ करने से पहले यह जानना चाहता है कि इसमें फायदा क्या है? क्या मिलेगा मुझे? मेरे काम का क्या है? परंतु जो मन है, वह बहुत धोखेबाज़ है, वह उसे बहुत धोखा देता है। तो आज से हम एक नई भट्ठी की शुरुआत कर रहे हैं; यह नाम कुमारों के लिए है परंतु है सबके लिए। **जो-जो अध्यात्म में ऊँचे शिखरों पर पहुँचना चाहते हैं, उन्हें एक संघर्ष करना पड़ता है और वह संघर्ष बाहर नहीं है, वह संघर्ष भीतर है - अपने ही मन के साथ, अपने ही मन के संस्कारों के साथ, अपनी ही वासनाओं के साथ, इच्छाओं के साथ और तृष्णाओं के साथ और इसमें बार-बार पराजय होती है।** तो इस भट्ठी में हम हर दिन ऐसी पाँच नई बातें देखेंगे कि जो मन एडिक्ट हो गया है, व्यसनी हो गया है - वह व्यसन किसी भी चीज़ का हो सकता है; काम विकार का हो सकता है, भोजन का हो सकता

है, किसी इच्छा का, किसी पदार्थ का, किसी वस्तु का, किसी व्यक्ति का या किसी कल्पना और विचारधारा का व्यसन हो सकता है। कोई न कोई व्यसन है जिसने उसे पकड़ा है।

यह पूरी सात दिन की सीरीज़ डी-एडिक्शन की सीरीज़ है। क्या किया जाए? लड़ाई करें? यदि मन से लड़ाई करो तो मन और शक्तिशाली हो जाता है। यदि मन को कहो कि आज से यह नहीं करेंगे तो वह वही करने के लिए पूरा ज़ोर लगाता है। क्या किया जाए जिससे हम इस अति आततायी मन को वश में कर सकें? यह मन भागता है, अत्यंत चंचल है, वायु से भी चंचल। **स्वामी विवेकानंद ने इस मन की तुलना उस व्यक्ति से की है जिसे बिच्छू ने काट लिया हो और फिर किसी ने उसे ज़बरदस्ती दारू पिला दी हो और फिर कोई प्रेतात्मा उसमें प्रवेश कर गई हो। अब वश में करो इसको, कैसे करोगे?** यह अत्यंत अस्थिर है, अत्यंत बेचैन है, भागता है; उसे खुद ही पता नहीं वह कर क्या रहा है और क्यों कर रहा है और यही विडंबना है कि ऊपर-ऊपर से चेतन मन सब कुछ कहता है कि सब ठीक चल रहा है; पर अचेतन में, डीप में, सबकॉन्शियस में केवल अशांति है, बेचैनी है और वासनाएँ धधक रही हैं।

क्या हम करें, कैसे इस युद्ध में जीतें? सीधा अगर आक्रमण करेंगे तो हार होगी और वह लड़ाई अब तक कर ली। उसके ऊपर सीधा आक्रमण किया, उसको बताया कि यह गलत है, मत करो तो वह और करता है। उसको समझाया है कि यह मना है, जो मना है वह तो ज़रूर करेगा क्योंकि उसके अंदर एक क्यूरियोसिटी है, उत्कंठा है। **द्वापर से मनुष्य का पतन दो कारणों से मुख्य रूप से हुआ है - एक देहभान और दूसरा उत्कंठा।** "क्या है? क्या है? टेस्ट तो लेकर देखें एक बार, है क्या? स्वाद क्या है? गंध क्या है? स्पर्श क्या है?" तो हर दिन हम पाँच बातें देखेंगे।

हर एक चेतना में प्रखर ऊर्जा है। इस भट्ठी की शुरुआत पुरुषोत्तम भाई के लिखे हुए इस गीत से हुई है: "विवेक है गणेश सा, शक्ति में भीम है कुमार। लक्ष्य है अर्जुन सा, अंगद सा स्थिर, पवित्रता में दिखता जैसे सनत कुमार है। कुमार करे कमाल, प्रभु का वो लाल है, करता कमाल है, कोटों में कोई वो ब्रह्मा कुमार है।" आज सुबह की साकार मुरली में था कि उनके पास बैरिस्ट्री, डॉक्टरी, इंजीनियरिंग, वकीली क्या-क्या करते हैं और **इस संसार की सबसे बड़ी डिग्री कौन सी है? ब्रह्माकुमार और ब्रह्माकुमारी।** सूर्य सा तेज, अग्नि सा प्रखर, वायु सा वेग, धरती सा धैर्य, वसुंधरा का वह रूहानी श्रृंगार है। चेहरे पर तेज, वाणी में ओज, हृदय में करुणा, मुख में मधुर

बोल, दिल में दिलाराम का दिखता प्यार है। कुमार करे कमाल, शिव के लाल करें कमाल, ब्रह्मा कुमार करें कमाल, प्रभु का वह लाल है, करता कमाल है, कोटों में कोई वह ब्रह्माकुमार है।

वह सूर्य सा तेज, अग्नि सी प्रखरता, वह तेज, वह करुणा सब एकत्र जहाँ है, वह ब्रह्मा कुमार, परंतु माया भी क्या करती है? माया का भी लक्ष्य है इनको देहभान में लाना। जो जितने शक्तिशाली हैं, माया उनके साथ उतनी ही शक्तिशाली है - पहलवानों के साथ पहलवान, हिम्मतवान के साथ हिम्मतवान, बहादुरों के साथ बहादुर और तपस्वियों के साथ तपस्वी बनकर वह लड़ती है। तो हर दिन हम पाँच बातें देखेंगे; फाइव साइंटिफ़िक ट्रिक्स। क्योंकि मन केवल भावनाओं से नहीं चलता, वह तर्क से भी चलता है।

आज सुबह की साकार मुरली में था - तुम जज करो कि राइट है कि रॉन्ग है। यह बुद्धि, जज करने की बुद्धि बाप ने तुम्हें दी है। **हमारा मन व्यावहारिक है, उसे अगर कोई फायदे की बात बताओ तो वह तुरंत मानता है।** अगर उसे बताओ कि इसमें फायदा है, पैसे मिलने वाले हैं तो तुरंत मान जाएगा और जहाँ पैसे खर्च होते हैं, वहाँ वह जाना नहीं चाहता। ओपीडी में पेशेंट्स आते हैं कि बहुत तकलीफ़ है, बहुत तकलीफ़ है, हमको भर्ती कर दो, चल भी नहीं पा रहे हैं, बुखार नहीं जा रहा है, सारी दवाइयाँ कर लीं फिर भी फ़ायदा नहीं हो रहा है। हम कहते हैं ठीक है भर्ती करो, फिर बाद में वे कहते हैं कि नहीं; ये तो फ़्री में नहीं हो रहा है। हमने कहा- हाँ, यह तो उसमें नहीं आता है। तो वे कहते हैं, "नहीं, तो फिर दवा दे दो, वैसे अभी थोड़ा ठीक लग रहा है, मुझे तो लगता है ठीक हो जाएगा।" अभी थोड़ी देर पहले चल भी नहीं रहे थे, ये कैसे हो गया? क्योंकि मन व्यापारी है।

1. डीप विटनेसिंग ओवर सप्रेशन - दमन नहीं।

काम विकार का जितना दमन करेंगे, उतना ही उसमें उफ़ान आता है, उतनी ही तीव्रता उसमें जागती है। उसको कहो कि "काम महाशत्रु बंद, चुप!" तो वह वापस आता है, उभर कर आता है, बहुत ज़्यादा धधकता है। उसको कहो कि आज से यह नहीं करेंगे तो वह मार्ग ढूँढता है कि कैसे करूँ? **जैसे ही हम कहते हैं कि यह मुझे नहीं करना, एक संघर्ष, एक लड़ाई शुरू हो जाती है। अचेतन मन संघर्ष से नहीं, प्रकाश से बदला जाता है।** कोई क्रेविंग, कोई अर्ज, कोई उत्तेजना खाने की या काम की अगर जागती है, **ये दो ही प्रमुख उत्तेजनाएँ हैं - फ़ूड एंड सेक्स।** उस उत्तेजना को, उस क्रेविंग को, उस तलब को साक्षी होकर

देखो कि कौन माँग रहा है? किसको भूख लगी है? पेट को, जिह्वा को, हाथ को, पैर को, चमड़ी को, किसको? हर एक क्रेविंग, हर एक सेंसेशन अनित्य ही है।

केवल दो ही प्रकार की संवेदनाएँ मुख्य रूप से हैं - एक प्रिय, एक अप्रिय; एक सुखद, एक दुःखद। सुखद संवेदना हमें बाँधती है, हमें चाहिए। वह कुछ खाया, स्वाद सुखद लगा, एक लगाव उत्पन्न हुआ। कुछ खाया, बिल्कुल पसंद नहीं आया, दुःखद लगा, उसके प्रति अलगाव और द्वेष हुआ। राग और द्वेष, सुखद-दुःखद, प्रिय-अप्रिय; यही चक्र है। कुछ-कुछ संवेदनाएँ हैं जो न्यूट्रल हैं, पर उन सुखद संवेदनाओं में बंधन उत्पन्न होता है। काम की संवेदना अत्यंत सुखदाई है, द्वापर से नहीं तो यह सृष्टि चलती नहीं। वह क्रिएट ही इसलिए किया हुआ है कि आकर्षण हो। भूख, स्वाद, इसमें आत्मा बंध जाती है, इसलिए इस सात दिन की भट्ठी का एक नियम है - चाय, दूध और कॉफ़ी; ये तीनों सबसे बड़े उत्तेजक हैं, ये तीनों ही आउट। उस उत्तेजना को, उस अर्ज को, उस क्रेविंग को सप्रेस नहीं करना है, दमन नहीं करना है। क्या करना है? केवल देखना है तटस्थ भाव से, साक्षी होकर विटनेस करना है कि वह क्रेविंग आई है। देखो, वह आ रही है, वह विचार आ रहा है, कामुक विचार आ रहा है, कामुक फेंटेसी आ रही है।

फेंटेसी अर्थात कल्पना। क्रिया में इतना सुख नहीं है, कल्पना में ज़्यादा सुख है। सुख किसमें है? उस कल्पना में। क्रिया में तो फ्रस्ट्रेशन है, खालीपन है, अकेलापन है, दुःख है, पश्चाताप है, थकान है। उसकी कल्पना ही खींचती है, स्पर्श की कल्पना खींचती है, संग की कल्पना खींचती है। कोई साथ है, यह कल्पना सुख देती है। आज सुबह की साकार मुरली में था- इस दुनिया के सभी संबंध विकारी हैं, सर्व संबंधों की सैक्रीन बाप है। इस संसार के सभी संबंध दुःख देने वाले हैं, सभी संबंध विकारी हैं - यह बात तो पता चल गई, परंतु इतना काफी नहीं है। यह बात डीप जानी चाहिए और यह सारी भट्ठी इस सारे ज्ञान को सबकॉन्शियस, अवचेतन मन तक पहुँचाने के लिए है। तो सबसे पहली विधि क्या बताई है? देखना।

वासना जगी है, भूख किसको है? शरीर को? शरीर को तो भूख है ही नहीं, यह मन की भूख है। हम जो खाते हैं शरीर के लिए खाते हैं या आदत से खाते हैं? आदत है, वह एक हैबिट है। शरीर तो कितने दिन भी चल सकता है, इतिहास में इसके असंख्य उदाहरण हैं। सुबह खाते हैं, फिर दो-दो घंटे बाद खाते ही रहते हैं। यह इंद्रियों की और स्वाद की कितनी बड़ी गुलामी है। **भोजन**

जितना उत्तेजक होगा उतना ब्रह्मचर्य कठिन होगा। डोपामिन डंपिंग, डोपामिन लोडिंग हमने पिछली इंग्लिश भट्ठी में देखा था। तो सबसे पहली विधि है देखना। क्रेविंग आई, अर्ज आई, उसको बैठकर आँखें बंद करके देखो और उसकी खोज करो कि वह कहाँ आई है और देखते-देखते वह विलीन हो जाएगी, पर उस समय उसकी तीव्रता बहुत ज़्यादा रहती है, बस उस समय 10 मिनट यदि कोई देख ले। जैसे किसी को अत्यंत भूख लगी है, प्यास है, कुछ खाना है और उस समय अगर बैठकर उसे थोड़ी देर देख ले तो 10 मिनट के बाद वह भूख खत्म और गायब हो जाएगी। वह एक ज्वार था। ज्वार-भाटा पता है न? ऊपर तरंगें उठती हैं और फिर नीचे चली जाती हैं, खो जाती हैं। एक क्षण के बाद वह है ही नहीं, यदि हम उसे देख लें। यहाँ खुजली हो रही है, बहुत खुजली हो रही है, थोड़ी देर देखो वह विलीन हो जाएगी, परंतु खुजली करो तो उसका फिर कोई अंत नहीं है, वह खुजली करते रहो। काम वासना भी उस खुजली की तरह है।

2. डी-हिप्नोटाइज्ड टेस्ट

वह एक सम्मोहन है कि हमें लगता है इसमें बहुत सुख है। इस स्पर्श में, इस सुनने में, इस क्रिया में, वह सुख का एक भ्रम है। सुख क्या है? वह एक सम्मोहन है। चेतना जैसे हिप्नोटाइज्ड हो गई है, उसको लगता है इसमें सुख है। तो उसको क्या करना है? उसको तर्क देने हैं, उसको प्यार से समझाना है, ज़बरदस्ती नहीं करनी है। **दमन तो बिल्कुल भी नहीं करना है, उसको अच्छे से समझाना है कि यह शरीर है, यह शरीर की रचना है। क्या-क्या है इस शरीर के साथ? जन्म लेता है, मरता है - यह है वास्तविकता। अमृतवेला इसका चिंतन करो।** योग में यह देह है, इसके साथ क्या होता है? यह बीमार पड़ता है, बूढ़ा होता है। किस चीज़ से भरा हुआ है यह? क्या निकल रहा है नव छिद्रों से? गंदगी। उस गंदगी का चिंतन करो। ऊपर से नीचे तक क्या है, एक-एक अंग को देखो और उसका चिंतन करो। डी-हिप्नोटाइज्ड; उस हिप्नोसिस से बाहर निकलना है। यह तो हिप्नोसिस है, जैसे किसी को सम्मोहित कर दिया गया हो और वह वही करता है जो सामने वाला उसको कहे। माया ने भी हमें हिप्नोटाइज़ कर दिया है, इसलिए वह इस संसार का जो-जो खेल दिखाती है वह सब अच्छा लगता है और वह भ्रम मात्र है। यह कुछ भी हो सकता है - कोई देह, कोई स्त्री, कोई पुरुष, कोई वस्तु, भोजन या डिजिटल, कुछ भी। भूख एक हिप्नोसिस है।

3. स्लीप टाइम ऑटो सजेशन

यह सबसे पावरफुल विधि है। रात को सोते समय एक शक्तिशाली स्थिति में सोना और सारा मन में विज़ुअलाइज़ और इमेजिन करते-करते सोना। **यदि कोई भोजन पर काम कर रहा है, यदि कोई ब्रह्मचर्य पर काम कर रहा है या किसी भी क्षेत्र पर काम कर रहा है तो वही चीज़ें विज़ुअलाइज़ करते-करते सोना है। क्या विज़ुअलाइज़ करेंगे? "मैंने इसे जीत लिया है। इससे मैं परे चला गया हूँ। यह मेरे लिए अब व्यर्थ है, बेजान है, मृत है। इन चीज़ों का कोई अर्थ नहीं रहा।" यह सोचते-सोचते सोना है।** रात के समय विकारों का फ़ोर्स सबसे ज्यादा होता है, क्योंकि खालीपन आ जाता है। सारे दिन भर सेवा की, सुबह अमृतवेला किया, फिर मुरली सुनी, फिर भोजन किया, फिर सेवा की, बहुत हार्ड वर्क किया, यहाँ-वहाँ भागने की सेवा की।

कुमारों को सेंटरों पर बहुत काम और सेवाएँ होती हैं - जॉब, ड्यूटी सब कुछ। यह सब करते-करते जब सोने का समय आता है तब खालीपन उत्पन्न होता है, एक बेचैनी होती है। इस बेचैनी को कैसे टैकल करें? वहाँ फिर काम विकार की प्रवेशता होती है। **स्लीप टाइम ऑटो सजेशन के लिए अपनी एक दिनचर्या और रात्रिचर्या बनानी है कि मुझे क्या-क्या करना है।** खुद ही खुद के लिए कुछ पढ़ लेना है या केवल बैठना है, पूरे दिन को रिव्यू करना है कि यह-यह किया है। इतने थक गए कि बिस्तर पर गए और निढाल होकर सो गए। नींद तो अपने आप इस संकल्प के साथ खुल ही जाएगी। **सारी साधना होश की साधना है, अवेकनिंग की साधना है - जागृत रहना। सोए कि गए।**

4. मौन में यह रस की ओर परिवर्तन (साइलेंस नरिशमेंट)

एडिक्शंस का मेन कारण खालीपन और उदासी है। व्यक्ति क्यों एडिक्ट बनता है? ये ड्रग्स, चरस, गांजा, हीरोइन - क्यों लेता है? कल ही एक बच्चे को जोधपुर से ओपीडी में लाए थे, 17-18 साल का था। वह इतना बेचैन था कि एक मिनट भी सामने नहीं बैठ रहा था। पता चला कि वह हीरोइन एडिक्ट है और दो दिन से उसे वह मिला नहीं है। **एडिक्शन किसका है?** बीड़ी, सिगरेट, तंबाकू, स्त्री, पुरुष या शरीर का? नहीं, हमारे शरीर में एक हार्मोन है खुशी का, जिसे 'डोपामिन' कहते हैं। वह डोपामिन रिलीज़ होता है तो खुशी मिलती है। बीड़ी से कोई लेना-देना नहीं है, वह पीते ही केमिकल रिलीज़ होता है, इसलिए जब वह नहीं मिलती तो हम उस केमिकल

को सर्च करते हैं। जीवन में दुःख, उदासी, करियर, अनइंप्लॉयमेंट, बेरोजगारी, फ्रस्ट्रेशन और ऑफ़िस पॉलिटिक्स बहुत है। अब इन सबसे क्या करें? बॉस से तो लड़ नहीं सकते तो अंदर ही अंदर सुख कैसे मिले? तो व्यक्ति इन एडिक्शंस का मार्ग ढूँढता है। वह एडिक्शन इंटरनेट या गूगल का भी हो सकता है।

उस एडिक्शन से छूटने की विधि है: इस खालीपन को भरना, उसके लिए चाहिए शक्तिशाली योग। बाप सर्व संबंधों की सैक्रीन है। माया चाहती है तुम मुझसे लव करो। **बाप दो चीज़ों का सागर है - एक डोपामिन का सागर तो काम विकार से मुक्ति हो जाएगी; दूसरा प्राण ऊर्जा का सागर तो भोजन से मुक्ति हो जाएगी।** वह प्राणेश्वर है, प्राणनाथ है। एक संकल्प है: "मैं प्राण स्वरूप चैतन्य हूँ। प्राण ऊर्जा मुझमें इतनी भर रही है कि आई एम फ़ुल।" जैसे-जैसे चेतना इन उत्तेजनाओं से मुक्त होती जाती है, एक अद्भुत प्रकाश आता है। कल की **साकार मुरली की सबसे पावरफ़ुल लाइन थी: "अभी तुम्हारी बुद्धि में चमत्कार आया है।"** यह चमत्कार तब आएगा जब उत्तेजनाओं और विषाक्त पदार्थों से देह को मुक्ति मिलेगी। **खालीपन भोजन या काम से नहीं भरता, इसे भरने के लिए प्रभु प्रेम चाहिए। उसका प्यार और लगन चाहिए। इस खालीपन को योग और तप से भरना है।** अमृतवेला वापस शुरू करना है। कई लोग ड्यूटी की वजह से इसे छोड़ देते हैं और फिर उन्हें पता भी नहीं चलता। खालीपन प्रभु प्रेम और प्रकृति से भरेगा। एकांत में जाकर बैठो और स्पाइन इरेक्ट करके बैठो ताकि ऊर्जा बहती रहे। ऊर्ध्वरिता योगी तपस्वी बनो।

5. ग्रेजुअल न्यूरल रिवायरिंग

लोग आते हैं और खतरनाक संकल्प करते हैं कि "आज से पका हुआ भोजन बंद।" ये कभी सफल नहीं होते। मन को अचानक का बदलाव बिल्कुल पसंद नहीं है, वह विद्रोह करता है। इसके लिए मन को बड़ी टेक्नीक और कूटनीति से पराजित करना है, शकुनी की चाल चलनी है। उसको डायरेक्ट कह दिया कि कल से 10 कि.मी. रनिंग करूँगा तो वह विरोध करेगा। पहले 1 कि.मी. तो करो। धीरे-धीरे, मंथर गति से परिवर्तन करना है। 100% का टारगेट नहीं रखना है, पहले 20% फिर धीरे-धीरे बढ़ाना है। भोजन और काम विकार में भी यही है।

जो व्यक्ति सालों से एडिक्ट है, वह तुरंत नहीं छोड़ पाएगा। विड्रॉल सिम्पटम्स डेवलप

होते हैं क्योंकि शरीर उस डोपामिन की माँग करता है, इसलिए परिवर्तन धीरे-धीरे उसको समझाते हुए करना है। अचानक करेंगे तो उसे पसंद नहीं आएगा। हाँ, इतिहास में तुलसीदास जैसी महान आत्माएँ हैं जिन्हें पत्नी के एक वचन पर वैराग्य आ गया, पर सभी तुलसीदास नहीं हैं। **वैराग्य अचानक नहीं आता, वह जन्म-जन्म की साधना का फल होता है।** एक चोर की कहानी है जो जंगल में साधु को शेर द्वारा खाते देखता है और जब वह नीचे आता है तो देवी प्रकट हो जाती हैं। देवी कहती हैं कि यह इस जन्म का नहीं, जन्म-जन्म की साधना का फल है।

तो ये पाँच ट्रिक्स हैं :- सबसे पहली है **देखना (विटनेस करना)** - जब भी वासना जगे उसे देखो तो वह विलीन हो जाएगी। दूसरा है **डी-हिप्नोटाइज्ड** - उसके वास्तविक रूप को देख लेना और तर्क करना। मन व्यावहारिक है, उसे नुकसान गिना दो तो वह मान जाएगा। फायदा दिखना चाहिए। जैसे एक व्यक्ति की पाँच चैप्टर्स की ऑटोबायोग्राफ़ी थी, पहले वह गड्ढे में गिरता रहा, फिर धीरे-धीरे उसने गड्ढे से निकलना सीखा और अंत में रास्ता ही बदल दिया। महावीर के एक सन्यासी की कहानी है जो भागना चाहता था, पर महावीर ने उसे जाति स्मरण कराके उसके पूर्व जन्म दिखाए कि वह कितनी बार इन भोगों में फँसा है और उसे कुछ प्राप्त नहीं हुआ। तब उसे समझ आया कि यह सब व्यर्थ है। अगला है **स्लीप टाइम ऑटो सजेशन** - सोते समय के संकल्प। उसके बाद है **खालीपन को क्रिएटिविटी या प्रकृति से भरना** - हमारा मन नवीनता चाहता है। जैसे सेकंड एम.बी.बी.एस. में फ़ेल होने के डर से उदासी हुई थी, तब एक गीत ने प्रेरणा दी थी - "रुक जाना नहीं तू कहीं हार के।" कई बार साधारण शब्द असाधारण बन जाते हैं।

लास्ट है **ग्रेजुअल रिवायरिंग** - धीरे-धीरे छोड़ना है। जैसे चेन स्मोकर को कहा जाता है कि पियो पर धीरे-धीरे पियो, टाइम लगाओ। खाने की आदत है तो छोटा चम्मच और छोटी प्लेट लो। अनार का एक-एक दाना खाओ। ये पाँच आज की टेक्नीक्स हैं, बाकी कल देखेंगे।

Notes :

आज का होमवर्क

1 । डीप विटनेसिंग ओवर सप्रेशन (दमन के बजाय साक्षी भाव)

- बनाएं : प्रेशर कुकर (दमन) बनाम खुला आकाश (साक्षी भाव)
- दबाओगे तो फटोगे। देखोगे तो भावनाएँ बादलों की तरह गुजर जाएँगी।

2 । डी-हिप्नोटाइज्ड टेस्ट (स्वाद की सम्मोहन-मुक्ति)

- फ्लोचार्ट : पुरानी आदत (सम्मोहित भोजन) → नई आदत (सचेत भोजन)
- स्वतः उठती चाह से जागरूक चुनाव तक — यहीं से स्वतंत्रता शुरू होती है।

3 । स्लीप टाइम ऑटो सजेशन (सोने से पहले आत्म-सुझाव)

- लिखें: दिन की घटनाएँ + बेहतर प्रतिक्रिया + 1 स्वमान ×21
- रात में मन रीवायर होता है — जो दोहराते हो, वही स्वभाव बनता है।

4 । साइलेंस नरिशमेंट (मौन से ऊर्जा पोषण)

- 5 मिनट बैठें → पहले और बाद में ऊर्जा को अंक दें (1–10)
- मौन आंतरिक बैटरी को चार्ज करता है — भीतर का परिवर्तन महसूस करें।

5 । ग्रेजुअल न्यूरल रिवायरिंग (धीरे-धीरे न्यूरल रीवायरिंग)

- चलें: चौड़ा रास्ता (पुरानी आदत) बनाम संकीर्ण रास्ता (सजगता)
- अभ्यास से नया मार्ग सरल बनता है — सजगता स्वाभाविक हो जाती है।

Notes :

DAY 2

क्रांति का नाद गूँजे रे, प्राणों में प्राण भरें रे।
ऊर्जा की अग्नि जले रे, ॐ शांति रस बरसे रे...

गिल्बर्ट बेकर नाम का एक ईश्वर-प्रेमी सैनिक तीर्थ यात्रा पर होली लैंड जाता है। वहाँ एक अज्ञात पुराना दुश्मन उसे बंदी बना लेता है और बंदी बनाकर कई दिनों तक उसे बंधन में रखता है। उसकी बेटी गिल्बर्ट से प्रेम करने लगती है और उसी की मदद से गिल्बर्ट उस कैद से छूटने में और वापस अपने घर लंदन आने में सफल होता है, पर वह कन्या गिल्बर्ट को भूल नहीं पाती और वह अपने पिता का घर छोड़कर लंदन आ जाती है। वह इस नए स्थान को नहीं जानती, इस नए स्थान की भाषा अंग्रेज़ी भी नहीं जानती। गिल्बर्ट कहाँ रहता है, उसका उसे पता भी नहीं। वह केवल सड़कों पर "गिल्बर्ट, गिल्बर्ट, गिल्बर्ट" पुकारती रहती है। दिन, हफ़्ते, महीने बीत जाते हैं, वह बस पुकारती रहती है। परिणाम - पूरे शहर में उसकी आवाज़ गूँजने लगती है और यह ख़बर एक दिन गिल्बर्ट तक पहुँच जाती है। गिल्बर्ट उसके पास पहुँचता है, उसके प्रेम को स्वीकार करता है और उससे शादी करता है और जैसे परीकथाओं में कहा जाता है, उसके बाद वे दोनों खुशी से जीते हैं।

उस कन्या के पास ऐसा क्या था, जो वह अज्ञात शहर में आ गई? एक अज्ञात स्थान पर, एक ऐसे व्यक्ति को ढूँढने, जिसका उसे पता भी नहीं था। एक ऐसे शहर में जिसे वह जानती नहीं थी, एक ऐसे स्थान पर जिसकी भाषा भी उसे नहीं आती थी; फिर भी वह दृढ़ता से सफल हुई। **दृढ़ता ही वह शक्ति है, जो ज़िद्दी से ज़िद्दी विकारों को भी जड़ों से उखाड़ सकती है।** कहानी के अंत में लेखक ने लिखा है - **दृढ़ता को अपना मित्र बनाओ, अनुभव को अपना गुरु बनाओ, सावधानी को अपना बड़ा भाई और आशा को अपना रक्षक देवदूत (गार्डियन एंजेल) बनाओ।** दृढ़ता, अनुभव, सावधानी और आशा - इन्हें अपना गुरु बनाओ। यदि वह कन्या यह करने में सफल हुई तो क्या दृढ़ता की शक्ति से असंभव संभव नहीं हो सकता?

नर्तन है संकल्प का, गीत है परिवर्तन का।
यह क्रांति है प्रचंड, यह क्रांति है अखंड।

यह क्रांति अत्यंत आंतरिक है।

यह ऊर्जा है अग्निकुंड, यह ऊर्जा है यज्ञकुंड।

संगम में है संभव उत्क्रांति।

असंभव, संभव की है यह अभिक्रांति।

ओम शांति से ही मिटे हर भ्रान्ति।

क्रांति का नाद गूँजे रे, प्राणों में प्राण भरे रे।

ऊर्जा की अग्नि जले रे, ओम शांति रस बरसे रे।

यह क्रांति है प्राण की, ऊर्जा के उत्थान की। एनर्जी कल्टिवेशन, एनर्जी कंज़र्वेशन की यह भट्ठी है। ऊर्जा जो बिखरी है, ऊर्जा जो व्यर्थ हो रही है, ऊर्जा जो बिखरी हुई है - उस ऊर्जा को एकाग्रता से ऊपर की ओर मोड़ना ही ब्रह्मचर्य है। ऊर्ध्वरिता योगी बनना ही ब्रह्मचर्य है।

आरोहण है शक्ति का, संरक्षण है ब्रह्मचर्य का।

यह क्रांति है प्राण की, ऊर्जा के उत्थान की।

क्रांति का नाद गूँजे रे, प्राणों में प्राण भरे रे।

आज भट्ठी का दूसरा दिन है। कई सारे कुमारों के कई सारे प्रश्न आए हैं। कल क्लास के बाद सुमित भाईजी ने सुझाव दिया था कि एक क्वेश्चनेयर तैयार किया जाए- कुमारों के क्या-क्या प्रश्न हैं तो हमने क्वेश्चनेयर भेजा और कुमारों ने प्रश्न भी भेजे, पर उसके साथ एक और रिक्वेस्ट आई कि हमें गुप्त रखा जाए। तो आज एक नया क्वेश्चनेयर बनाया है, जिसमें आपको अपना नाम, किस सेंटर से हैं, कितने साल से ज्ञान में चल रहे हैं - यह लिखने की आवश्यकता नहीं।

- चंचल मन को कैसे स्थिर और नियंत्रित करें?
- अधिक और व्यर्थ संकल्पों को कैसे कम करें?
- काम, पढ़ाई, लक्ष्य में 100% फ़ोकस कैसे रखें?
- भावनात्मक और मानसिक अशांति को कैसे संभालें?
- आध्यात्मिक अभ्यास में दृढ़ता और नियमितता कैसे लाएँ?
- शक्तिशाली सकारात्मक संकल्प कैसे उत्पन्न करें?

- रोज़ाना साढ़े तीन बजे सहज रूप से कैसे उठें?
- अमृतवेला का गहरा अनुभव कैसे करें और उसका सुख कैसे प्राप्त करें?
- पूरा दिन पुरुषार्थ को स्थिर कैसे रखें? अमृतवेला में बोरियत या एकरसता से कैसे बचें?
- अमृतवेला को नया और शक्तिशाली बनाने के लिए कौन-सी विधियाँ अपनाएँ?
- इरिटेबल बाउल सिंड्रोम को प्राकृतिक रूप से कैसे ठीक करें?
- अंतिम भोजन को धीरे-धीरे कैसे छोड़ें और लिक्विड व प्राणिक अवस्था को कैसे अपनाएँ?
- फलाहार में बिना कमज़ोरी के अधिक वजन कैसे घटाएँ?
- आहार परिवर्तन में निराशा से कैसे बचें और प्रेरित कैसे रहें?
- स्व-पुरुषार्थ और सेवा में संतुलन कैसे रखें?
- श्रीमत, मनमत और परमत में अंतर कैसे पहचानें?
- भ्रम की स्थिति में सही निर्णय कैसे लें?
- "मैं आत्मा हूँ" की अनुभूति को व्यवहार में कैसे लाएँ?
- पूरा दिन आत्म-स्वरूप में स्थिर कैसे रहें?
- जागृत और स्वप्न अवस्था में 100% ब्रह्मचर्य कैसे अपनाएँ?
- काम-विकारों और नाइट फॉल को स्वाभाविक रूप से कैसे नियंत्रित करें?
- हस्तमैथुन जैसी पुरानी आदतों और लत को कैसे छोड़ें?
- क्रोध, ईर्ष्या और नकारात्मक विचारों को कैसे नियंत्रित करें?
- बार-बार लौटने वाले पुराने संस्कार और प्रवृत्तियों को कैसे समाप्त करें?

सारे प्रश्न आए हैं। **यह सारी भट्ठी डी-एडिक्शन की भट्ठी है, डी-टॉक्स की भट्ठी है, आत्म-निरीक्षण की भट्ठी है, सेल्फ़-चेकिंग की भट्ठी है। यह स्वयं के भीतर एक नई क्रांति है। यह भट्ठी ब्रह्मचर्य की भट्ठी है, श्रीमत की भट्ठी है, स्व-नियंत्रण की भट्ठी है।** इस भट्ठी में स्वयं को बैठाना है तो आज साधना का दूसरा दिन,

कल हमने पाँच बातें देखी थीं -

- **पहली बात :** यदि कोई लत, कोई विकार, कोई एडिक्शन है और हम उसे दबाते हैं तो वह और शक्तिशाली हो जाता है। वासना को जितना दबाएँगे, इच्छा को जितना दबाएँगे वह

उतनी ही बलवती होती है तो देखना है - वह कहाँ उत्पन्न हो रही है शरीर में या आत्मा में, जिस समय वासना उत्पन्न हो, उसी समय उसे देखना है - शरीर में है या आत्मा में। वह विलीन हो जाएगी।

- **दूसरी बात :** जो आदत है, चाहे मोबाइल की हो, भोजन की हो या वासना की - उसे उसके वास्तविक रूप में देखना है। यह आदत नहीं, बंधन है। यह सुख नहीं, बंधन है। हम समझते हैं कि इसमें सुख है; वह सुख नहीं, सुख का भ्रम है।

- **तीसरी बात :** रात में सोते समय संकल्प - मैं आत्मा हूँ, मैं स्वतंत्र हूँ, मैं निर्बंधन हूँ। कोई भी बंधन मुझे बाँध नहीं सकता। जे. कृष्णमूर्ति ने लिखा है - अध्यात्म में संगठन भी एक बंधन है। यह मार्ग पाथलेस लैंड है, जहाँ कुछ भी बंधन बन सकता है। इसलिए सोते समय ऑटो-सजेशन से स्वयं को मुक्त करना है।

- **चौथी बात :** मौन का रस। एडिक्शन दुःख या खालीपन से पैदा होता है। अमृतवेला भी एकरस हो जाए तो व्यक्ति बोर हो जाता है और फिर मोबाइल, भोजन, वासना की ओर भागता है। इसलिए अंदर का "इनर जूस" योग से क्रिएट करना है।

- **पाँचवीं बात :** धीरे-धीरे परिवर्तन।

1. डीकंस्ट्रक्टिंग द अर्ज (तलब, इच्छा, वासना)

जो भी इम्पल्स आता है, वह एक वेव है, एक लहर है। इसे तोड़कर देखना है। "मैं नशेड़ी हूँ", "मुझे लत है" - ये शब्द अवचेतन को मज़बूत करते हैं इसलिए उसे "लत" नहीं कहेंगे, उसे "संवेदना" कहेंगे; री-नेमिंग। कुछ भी नहीं हो रहा, बस एक संवेदना है। अब इस संवेदना को समझना है। यह केवल संवेदना है। जैसे - मुँह सूखना, पसीना आना, दर्द, खुजली, धड़कन - सब संवेदनाएँ हैं।

पहला स्टेप है पहचानना - इसके लिए रोज़ कम से कम एक घंटा अधिष्ठान का अभ्यास। बिना हाथ-पैर हिलाए बैठो और पूरे शरीर को स्कैन करो। जहाँ जो संवेदना है उसे देखो। दर्द है - ठीक है, देखो। उसके केंद्र को खोजो - वह विलीन हो जाएगा। दूसरा इसका स्वभाव - आता है और चला जाता है। तीसरा इसके प्रकार - सुखद, दुःखद और न्यूट्रल। इनमें अटकना नहीं है। पाँच इंद्रियाँ -

रूप, रस, स्पर्श, शब्द, गंध- इनसे संवेदना उत्पन्न होती है और वहीं से आकर्षण (काम-विकार) पैदा होता है। इस पूरी साइकोलॉजी, न्यूरल पाथ और फ़िज़ियोलॉजी को समझना ज़रूरी है। सिर्फ "काम महाशत्रु है" रटने से कुछ नहीं होगा। असल में शरीर में क्या हो रहा है, उसे समझना है। इच्छा को टुकड़ों में तोड़ो, गहराई में जाओ।

- **"क्यों?" पाँच बार पूछो - 5 WHY RULE :**
- क्यों?
- मुझे यह इच्छा क्यों हो रही है? क्योंकि मुझे अच्छा लगता है।
- अच्छा क्यों लगता है? क्योंकि उसमें सुख की अनुभूति होती है।
- सुख की अनुभूति क्यों होती है? क्योंकि डोपामिन रिलीज़ होता है।
- डोपामिन क्यों रिलीज़ होता है? क्योंकि इंद्रियाँ विषयों से टकराती हैं।

अब और गहराई में जाओ, क्या सच में यह सुख है? या केवल केमिकल रिएक्शन है? तो इस पूरी अर्ज (तीव्र इच्छा) को तोड़ना है, डीकंस्ट्रक्ट करना है।

- **अगला स्टेप :** इस संवेदना को केवल देखना है, उसमें रिएक्ट नहीं करना है। रिएक्शन क्या है? या तो आकर्षण (राग) या विकर्षण (द्वेष)। पर हमें न राग करना है, न द्वेष। केवल तटस्थ होकर देखना है। जैसे ही तटस्थता आती है, संवेदना अपनी शक्ति खो देती है।

- **अगला स्टेप :** जब यह संवेदना आती है, तो मन कहता है, "कुछ करो"। पर उस समय कुछ नहीं करना है, सिर्फ देखना है। यह वेव उठेगी, अपने पीक पर जाएगी और फिर गिर जाएगी। हर वेव का यही स्वभाव है। यदि उस समय आप टिक गए तो एक न्यूरल पाथ टूट जाएगा और जब-जब आप ऐसा करेंगे, पुराना पैटर्न कमज़ोर होगा, नया पैटर्न बनेगा। यही है न्यूरल रीवायरिंग।

- **दूसरी बात : डिलेय्ड रिस्पॉन्स (विलंबित प्रतिक्रिया)** - जब भी इच्छा आए, तुरंत मत करो। अपने आप से कहो - "5 मिनट बाद।" फिर 5 मिनट बाद - "और 5 मिनट।" इससे क्या होगा? इच्छा की तीव्रता कम हो जाएगी।

- **तीसरी बात : एनवायरनमेंट चेंज (परिवेश बदलना)** - जहाँ ट्रिगर है, वहाँ मत रहो। अगर

मोबाइल ट्रिगर है तो उसे दूर रखो। अगर अकेलापन ट्रिगर है तो लोगों के बीच जाओ। अगर रात का समय ट्रिगर है तो रूटीन बदलो।

- **चौथी बात : एनर्जी चैनलाइज़ेशन (ऊर्जा का रूपांतरण)** - ऊर्जा को दबाना नहीं है, रूपांतरित करना है। वही ऊर्जा योग में लगाओ, प्राणायाम में लगाओ, व्यायाम में लगाओ, क्रिएटिव काम में लगाओ। ऊर्जा ऊपर उठे तो वह शक्ति बनती है। नीचे गिरे तो वह विकार बनती है। यही ब्रह्मचर्य का सार है - ऊर्जा का ऊर्ध्वगमन।

- **पाँचवीं बात : कन्सिस्टेन्सी (निरंतरता)** - एक दिन किया, फिर छोड़ दिया तो कुछ नहीं होगा। रोज़ करना है, थोड़ा-थोड़ा लेकिन लगातार। **छोटे-छोटे बदलाव लंबे समय में बड़ा परिवर्तन लाते हैं। अब ध्यान रखना, गिरना भी प्रक्रिया का हिस्सा है। अगर गिर गए तो गिल्ट में मत जाओ। गिल्ट क्या करता है, फिर से वही पैटर्न मजबूत करता है। बस ऑब्जर्व करो, "हाँ, यहाँ मैं गिरा।" सीखो और आगे बढ़ो।** मन को समझना है, मन दुश्मन नहीं है, मन एक मशीन है। उसे जैसे प्रोग्राम करोगे, वैसा ही चलेगा। यदि बार-बार उसे यही सिखाया कि "यह सुख है" तो वह उसी की ओर जाएगा। यदि उसे समझाया कि "यह बंधन है" तो धीरे-धीरे वह उससे दूर जाएगा।

अंत में, यह कोई एक दिन का काम नहीं है। यह साधना है, धीरे-धीरे, गहराई से। धैर्य, दृढ़ता और जागरूकता ये तीन चीज़ें साथ में हों तो कोई भी विकार जड़ से समाप्त हो सकता है। ये क्यों हो रहे हैं, ये क्यों हो रहे हैं, अच्छा ये हो रहे हैं, इसका कारण यह है। अच्छा ये क्यों हो रहे हैं, अच्छा उसका कारण वह है। उदासी आ रही है, ठीक है, क्यों आ रही है, क्योंकि एक व्यक्ति था जिससे प्यार करते थे, वह चला गया, मर गया, डिवोर्स दे दिया, पत्नी ने, पति ने। अच्छा ठीक है, क्यों दिया - उसके नीचे और जाओ, क्योंकि दोनों में संस्कार नहीं मिल रहे थे, क्योंकि मेरा स्वभाव यह है, क्योंकि रिश्ता ही शायद गलत था, क्योंकि मार्ग अलग थे, क्योंकि दोनों ज़बरदस्ती आ गए थे। या फिर कोई पुराना हिसाब-किताब चुकता करना था, इसलिए हिसाब पूरा हुआ, वह अपने रास्ते, मैं अपने रास्ते। अच्छा यह भी क्यों और नीचे जाओ - वाई, वाई, वाई, क्योंकि मैं आत्मा तो निरंतर स्वतंत्रताप्रिय हूँ। मुझे तो बचपन से ही स्वतंत्रता प्रिय है, यह मेरे लिए बंधन था। अब यहाँ पहुँच गए तो खुशी हो गई न, अच्छा हो गई, भीड़ कम हो गई न। तो सबसे पहला, उस तलब को डिकंस्ट्रक्ट करना।

2. एक्सपैंशन और रिप्लेसमेंट

विकल्प नहीं; विस्तार। जो एक एडिक्शन है, जो एक लत है, जो एक हैबिट है, कोई भी हैबिट - हस्तमैथुन, कोई भी आदत, कोई भी एडिक्शन- उसका रिप्लेसमेंट करना है। इससे डोपामिन मिलता है तो प्राकृतिक डोपामिन भी तो मिलता है। **कोई कला सीखो, संगीत, प्रकृति, निःस्वार्थ सेवा करो, असंख्य आत्माओं की दुआएँ मिलती हैं तो बड़ा डोपामिन, प्राकृतिक डोपामिन रिलीज़ होता है। किसी की मदद करो, किसी की सेवा करो तो अपने आप डोपामिन का झरना बहने लगता है।** दिन भर सेवा करो कितनी खुशी मिलती है। कोई भटक गया है, उसे रास्ता दिखा दो, कितनी खुशी मिलती है। संगीत, आर्ट, कोई कला सीखो - कुछ नया, कुछ नया। वही-वही नहीं, जो आपके करिकुलम के बाहर की हो जो आपका प्रोफ़ेशन है, वही नहीं। कोई कहेगा - मैं इंजीनियर हूँ तो मैं यह सीखूँगा और डिग्री लूँगा, वो वाली डिग्रियाँ नहीं उससे हटकर। गार्डनिंग, पेंटिंग, स्केचिंग, ड्रॉइंग, राइटिंग, ड्राइविंग, कुछ भी। दूसरा, प्रकृति। **प्रकृति में नैसर्गिक डोपामिन भरा है, उसके लिए थोड़ा एकांत निकालना पड़ेगा।** शहरों में एकांत नहीं है, मौन नहीं है तो सुबह-सुबह समय निकालना पड़ेगा। जिसने ढूँढा, उसने पाया।

जैसे वह कन्या "गिल्बर्ट, गिल्बर्ट, गिल्बर्ट" पुकारती रही और आवाज़ पहुँच ही गई, वैसे ही हम भी पुकारें - डोपामिन, डोपामिन, डोपामिन तो वह अपने आप आ जाएगा, अपने आप पहुँच जाएगा। लोग पक्षियों को भोजन देते हैं, नक्की पर देखा होगा, वहाँ लोग आटा खरीदकर पक्षियों और मछलियों को खिलाते हैं और उन्हें खुशी मिलती है। इसलिए **वह सब करो जिससे प्राकृतिक खुशी मिले।** एक्सरसाइज़ करो, लोग जिम के पीछे केवल बॉडी बिल्डिंग के लिए नहीं भागते बल्कि इसलिए कि उसमें डोपामिन रिलीज़ होता है। **रनिंग कुमारों के लिए सबसे बेस्ट है, रनिंग, जिम, एक्सरसाइज़, वॉकिंग, जॉगिंग, स्विमिंग। एडवेंचर में भी बहुत डोपामिन रिलीज़ होता है।** जंगल में जाओ, पूरा दिन घूमो, शाम को बहुत ऊर्जा महसूस होती है। बस एक बात, भोजन साथ मत ले जाना, प्राण ऊर्जा ब्लॉक होती है, फल ले जा सकते हैं। प्रकृति में एक दो लोग काफी हैं। वहाँ जाकर किसी पेड़ के पास बैठो, योग करो। पेड़ों में बहुत प्राणिक ऊर्जा होती है, वे वर्षों से साक्षी हैं। उन्हें स्पर्श करो, उनसे बात करो, उनके पास बैठो, उनकी निरागसता, निर्मलता और पवित्रता को देखो। कोई विकार नहीं, वर्षों से मौन खड़े हैं, कोई प्रचार नहीं, कुछ नहीं, बस खड़े हैं।

वे मित्र हैं, जाओ उनके पास बैठो। झाड़ियों को देखो, एक अलग ही सुंदरता है। मनुष्य द्वारा बनाए गार्डन अलग होते हैं, कटे छँटे हुए और एक प्राकृतिक गार्डन जहाँ सब अपने आप बढ़ रहा है, उसमें अलग ऊर्जा होती है। यही रिप्लेसमेंट है।

कुमार कहते रहते हैं, ब्रह्मचर्य, ब्रह्मचर्य, पर होता नहीं, प्रकृति में कितना जा रहे हैं, शून्य। सुबह से कंप्यूटर के सामने बैठते हैं और कहते हैं, मैं 24 घंटे बिज़ी हूँ। **इलेक्ट्रॉनिक्स ऊर्जा खींच लेता है, ब्लू लाइट ऊर्जा को कम करती है और मोबाइल की ब्लू लाइट प्राकृतिक पवित्रता को घटाती है।** संगीत, प्रकृति, कला और सेवा, निःस्वार्थ सेवा करो, केवल अपनी या किसी एक की नहीं बल्कि सबकी सेवा। हम हॉस्पिटल में देखते हैं, ऐसे 5 से 6 हेल्थ वर्कर्स होते हैं जिनका काम केवल मरीज को लाना है। उनसे कोई व्यक्तिगत संबंध नहीं होता, फिर भी वे सेवा करते हैं। फोन आता है कि चार महीने से तबीयत खराब है तो वे अपना अमृतवेला और ज्ञान योग छोड़कर मरीज के साथ रुकते हैं। यह बहुत बड़ा त्याग है। आधी रात को भी नींद छोड़कर मरीज को लेकर आ जाते हैं, यही सच्ची सेवा है।

3. इम्ब्रेसिंग वॉइड (खालीपन को स्वीकार करना)

जब लत होती है और वह चीज़ नहीं मिलती तो अंदर तलब, खालीपन होता है। हम कहते हैं, उस खालीपन को उत्सव बना दो। भागो मत। बैठो और देखो, यह भी ड्रामा का सीन है। उस बेचैनी को देखो, उस खालीपन का आनंद लो। देखो, इतना बड़ा योगी और इसमें भी खालीपन आ रहा है; कमाल है! उसी खालीपन को देखना है वह भी चला जाएगा।

4. आइडेंटिटी शिफ्ट (स्व-परिचय बदलना)

जब हम कहते हैं, मुझे इसकी लत है तो हम अपनी पहचान बना लेते हैं। एक माँ है, मधुबन में सेवा कर रही है, पर अचानक पोते की याद आ गई, आँसू आने लगे। पहचान बदल गई। पहले, मैं आत्मा हूँ, बाबा की सेवा कर रही हूँ। अब, मैं दादी हूँ। **जैसी स्मृति वैसा स्वरूप**। इसलिए पहचान को बदलना है - मैं आत्मा हूँ।

5. पावर ऑफ द मोमेंट (क्षण की शक्ति)

जीवन भर का संकल्प मत लो। कहो - मैं अगले 5 मिनट के लिए करूँगा। फिर अगले

5 मिनट; छोटी-छोटी जीत। उदाहरण - आईबीएस (पेट की समस्या), यह मन से जुड़ा है गट-ब्रेन एक्सिस। **तनाव, नफ़रत, ईर्ष्या - सब पेट को प्रभावित करते हैं। केवल दवा से नहीं; मन को ठीक करना होगा।** लोग गूगल से बीमारी ढूँढते हैं, "गूगल पैथी"। डॉक्टर को जाकर सिखाते हैं, पर असली कारण मन में है।

तो आज हमने पाँच बातें देखीं -

लेबल बदलो - लत नहीं, संवेदना।

रिप्लेसमेंट - प्राकृतिक डोपामिन।

खालीपन से भागो मत - देखो।

आइडेंटिटी शिफ़्ट - मैं आत्मा हूँ।

छोटी-छोटी जीत।

ब्रह्मचर्य का उपाय लड़ना नहीं देखना है। ऊर्जा को दबाना नहीं, ऊपर उठाना है। **पुरानी आदत होश से खत्म होगी।** ईर्ष्या और क्रोध में प्रतिक्रिया मत दो, बस देखो। मन को स्थिर करना है तो उसे पकड़ो मत, स्वयं स्थिर हो जाओ। व्यर्थ संकल्प कम करने हैं तो उसे अच्छे काम से भर दो। फोकस चाहिए तो जहाँ प्रेम है, वहीं फोकस है। तीन बजे उठना है तो तीव्र इच्छा बनाओ। रात को पढ़ो और सुबह उठते ही वही पढ़ो। भोजन परिवर्तन चेतना का परिवर्तन है, केवल खाना बदलने से कुछ नहीं होगा। निराशा से बचना है तो तुलना मत करो। **"मैं आत्मा हूँ" कहना नहीं, जीना है।** अंत में छोटी-छोटी जीत - आज 5 सेकंड, कल 10 सेकंड, फिर 1 मिनट - धीरे-धीरे आगे बढ़ना है। मन को ज़्यादा दबाओगे तो वह भाग जाएगा, इसलिए धीरे-धीरे, प्रेम से और जागरूकता से आगे बढ़ो। यही आज के पाँच पॉइंट हैं।

Notes :

आज का होमवर्क

उच्च चेतना के लिए अचेतन मन को पुनः प्रोग्राम करने के 5 उपाय

1 । डीकंस्ट्रक्टिंग द अर्ज (तलब को तोड़कर देखना)

- चिंतन कार्य : "तलब विश्लेषण पत्र"
- जब भी कोई तीव्र इच्छा (अर्ज) आए, इसे भरें:
- तलब क्या थी? ________
- उसे किसने ट्रिगर किया? (व्यक्ति/परिस्थिति/विचार) ________
- शरीर में क्या महसूस हुआ? ________
- इसके पीछे कौन-सा विश्वास था? ("मुझे अच्छा महसूस करने के लिए यह चाहिए?") _______
- मैंने प्रतिक्रिया दी या केवल देखा? ________
- अंतिम पंक्ति: "तलब अस्थायी थी, लेकिन मेरी जागरूकता _____ थी"

2 । एक्सपैंशन ओवर रिप्लेसमेंट (विकल्प नहीं, विस्तार)

- जीवन विस्तार लेखन (लाइफ़ एक्सपैंशन जर्नल)
- लिखें कि कैसे एक सकारात्मक आदत जोड़ने से आपका जीवन विस्तृत हुआ, केवल किसी चीज़ को बदलने से नहीं। (जैसे: गाना, लिखना, नृत्य, चित्रकारी आदि)

3 । इम्ब्रेसिंग वॉइड (खालीपन / शून्य को स्वीकार करना)

- शून्य ध्यान अभ्यास (वॉइड सिटिंग प्रैक्टिस) : 1-मिनट मौन अभ्यास
- बिना कुछ किए बैठें, न मोबाइल, न बातचीत, न सोचने का प्रयास;
- केवल बैठें और "खालीपन" को महसूस करें;
- शुरुआत में असहज लगेगा — यही अभ्यास है।

4 । आइडेंटिटी शिफ्ट (स्व-परिचय बदलना)

- पहचान रूपांतरण यात्रा (आइडेंटिटी ट्रांसफॉर्मेशन फ्लो) :
- एक तितली का चित्र बनाएं जो कोकून से बाहर आ रही हो — यह रूपांतरण का प्रतीक है

आज का होमवर्क

प्रवाह : पुरानी पहचान (देह-अभिमान) → जागरूकता (मैं आत्मा हूँ) → परिवर्तन (दिव्य गुण) →नई पहचान (मैं दिव्य आत्मा हूँ) → पुराने शरीर और संसार से मुक्ति

5 । पावर ऑफ द मोमेंट (इस क्षण की शक्ति)

छोटी जीतों का प्रोग्राम (माइक्रो विंस प्रोग्रामिंग): जीवन के हर छोटे क्षण में जागरूक रहना, अचेतन मन छोटी-छोटी लगातार जीतों से बदलता है।

अभ्यास :

कोई 1 अनुशासन चुनें : 2 मिनट सीधा बैठना, पानी को सजग होकर पीना,
5 मिनट मोबाइल न देखना..

पूरा करें → जीत को सचेत रूप से महसूस करें।

Notes :

DAY 3

उठो हे बागी, जाग उठो,
हाथ में मशाल ले, विजय का शंखनाद कर...

कुछ डॉक्टरों का समूह सुबह-सुबह एक रेस्टोरेंट के सामने खड़ा था। वह सभी स्पेशलिस्ट मित्र थे। उन्होंने देखा कि एक व्यक्ति लड़खड़ाता हुआ आ रहा है। पहले डॉक्टर ने कहा - रुको, मैं बताता हूँ इसे क्या हुआ? मुझे लगता है इसे आर्थराइटिस है। दूसरे डॉक्टर ने कहा - ना, मुझे लगता है उसे एंकल स्प्रेन, पैर में मोच आई है। तीसरे डॉक्टर ने कहा - ना ना, मुझे लगता है उसे प्लांटर फेशाइटिस है, पैरों के जो तलवे होते हैं उसमें सूजन आ जाती है। चौथे ने कहा - ना, जहाँ तक मैं देख रहा हूँ, इसके पैरों का निचला हिस्सा काम नहीं कर रहा है। इसे लोअर मोटर न्यूरॉन डिसीज़ हो सकती है। अगले डॉक्टर ने कहा - ना, यह तो एकदम क्लियर है, इसे सीज़र्स गेट कहते हैं। यह हेमिप्लेज़िया, लकवा का केस है। इससे पहले कि अगला डॉक्टर कुछ कहता वह व्यक्ति सामने आ गया और कहने लगा - यहाँ कहीं मोची की दुकान है? मेरी चप्पल टूट गई है। तो सारे स्पेशलिस्ट के सारे डायग्नोसिस फ़ेल हो गए।

डायग्नोसिस ही गलत किया है, जिसे हम सुख समझ रहे हैं, वह सुख कभी था ही नहीं। वह एक भ्रम था। काम का सुख भ्रांति सुख है, उसमें सुख है ही नहीं और यदि है भी तो वह भ्रम का सुख है। यह देह पंच महाभूतों से बना हुआ है और पंच महाभूतों में कोई काम वासना नहीं है। शरीर में आत्मा, आत्मा में मन, मन में कल्पना और केवल यह कल्पना का सुख जो पहले अमृत सा लगता है, बाद में वही विष बन जाता है। किसी भी गृहस्थी को पूछो, क्या सुख था? कभी सुख था भी इस संसार में? था ही नहीं कभी। जीवन भर जैसे बंद कमरे में थे, कैद में थे, एक अंधकारमय गुफ़ा में थे। कमरे के अंधकार को लाठी से भगाया नहीं जा सकता; दीये की आवश्यकता है, होश के जागरण की।

पहले तो मानो कि हमने निदान ही गलत किया है, डायग्नोसिस ही गलत हो गया है, जिसे कब से प्रेम ही समझे जा रहे थे, उसमें प्रेम तो रत्ती भर था नहीं, वह केवल मोह ही था। रॉन्ग डायग्नोसिस, रॉन्ग मैनेजमेंट। सारी माया कल्पना की माया है। **सारी माया केवल एक ही विषय है**

- देह बोध। सारा अध्यात्म केवल इस एक ही भ्रांति को तोड़ने के लिए है। सारी अव्यक्त मुरलियाँ, साकार मुरलियाँ, संपूर्ण ज्ञान, योग, धारणा, सेवा केवल इस भ्रम से बाहर निकलने के लिए है। यह देह बोध का भ्रम, यह देहात्मक बुद्धि का भ्रम, इसी देह को हम सोचते हैं कि यह बहुत सुंदर है पर इसमें सुंदरता है ही नहीं, यह कृत्रिम है, सौंदर्य का भ्रम है। सदियों से इस देह को सुंदर समझा जा रहा है।

बगावत! उठो हे बागी, जाग उठो! बागी बनना है। बागी अर्थात बगावत करने वाले। बागी अर्थात क्रांतिकारी। बागी अर्थात जो पुरानी परंपराओं को, पुरानी परिपाटियों को, पुराने पैटर्न को खत्म कर दे। विद्रोह करने वाले, विप्लव करने वाले, म्यूटिनी करने वाले; सिपॉय म्यूटिनी। जैसे 1857 की सिपॉय म्यूटिनी हुई थी। स्वतंत्रता का संग्राम, संघर्ष, रिवोल्यूशन, इंकलाब। **यह इंकलाब है स्वयं ही के संस्कारों के विरुद्ध, स्वयं ही की झूठी सत्ता के विरुद्ध। यह सत्ता पलट का खेल है।**

हाथ में मशाल ले, विजय का शंखनाद कर।
तू वह नहीं जो झुक गया आँधियों के आने से,
ख़ामोश हो मुड़ चलीं तुमसे जो टकराने से।
लगा छलांग आसमान में, खुद को तू आज़ाद कर।

पहले यह मानना कि मैं बंधन में हूँ, मैं कैद में हूँ, मेरे पैरों में बेड़ियाँ हैं। इन बेड़ियों को तोड़ना। मैं बैसाखियों के सहारे चल रहा हूँ। बैसाखियों के सहारे से चला जा सकता है, दौड़ा नहीं जा सकता। उठो हे बागी, ओ रिवोल्यूशनरी, जाग उठो! तोड़ फेंक बेड़ियाँ जो पैरों में पड़ी हैं। यह सारे भ्रम जाल.. तोड़ दे कुरीतियाँ समाज की गढ़ी हुई, खुद को ऊँचा तो उठा, आसमान झुक जाएगा। भेड़ियों के झुंड पर आज तू ललकार कर, तू जो आगे न बढ़ा, कारवाँ रुक जाएगा। तुम अकेले नहीं हो, तुम्हारे साथ कारवाँ चल रहा है। उम्मीदों के रास्तों का सिलसिला थम जाएगा, देकर ज्योति हर हृदय में, जीत का पैगाम कर। उठो हे बागी, जाग उठो! हाथ में मशाल ले। कौन सी मशाल? सजगता, होश, जागरण की। **सबसे बड़ा रोग है बेहोशी, भयंकर रोग है - बेहोश रहना।** विजय का शंखनाद कर। यह समझना कि यह मेरा है, वह मेरा है, यह मुझे बचाने आएँगे, यह मेरी मदद करने आएँगे, कोई नहीं आएगा।

वो चाणक्य में दिखाते हैं ना, जब विष्णुगुप्त छोटा है, उसके पिता को धनानंद के सिपाही पकड़ कर ले गए। उसकी माँ उससे पूछती है, विष्णु, तेरे पिता एक ब्राह्मण हैं, तुम ऐसा क्यों कहते हो कि वह लौट कर नहीं आएँगे? हो सकता है वह जीवित हैं। विष्णुगुप्त क्या कहता है? तेरा पति, वह यह नहीं कहता, मेरे पिता। तेरा पति कोई साधारण व्यक्ति थोड़े ही था। तेरा पति सत्य के लिए लड़ने वाला था और सत्य के लिए लड़ने वालों को केवल मृत्यु ही रोक सकती है। इसके लिए इस भ्रम को अपने मन से निकाल दे कि वह जीवित है, तेरा पति मर चुका है। माँ कहती है - तेरा पति, तेरा पति क्या? वह तेरा कुछ नहीं था? वह कहता है - जो मेरा था वह तो मेरे रक्त की, मेरी धमनियों में रक्त की तरह बह रहा है, जो मर गया वह तेरा पति था।

अत्यंत अशांति में, अत्यंत अत्याचार की पार्श्वभूमि पर विद्रोह का अंकुर फूटता है। जब अत्याचार अपने चरम पर था, तब महान क्रांतियाँ होती हैं। जब चेतना एकदम रॉक बॉटम, सबसे नीचे चली जाती है, गिर जाती है, तब उत्थान आरम्भ होता है। जब अत्यंत गहरी अंधेरी रात हो जाती है, तब ऊषा का आगमन होता है। इससे पहले कि हम आज के सूत्रों की चर्चा करें, प्रश्नों को देख लेते हैं। ढेर सारे प्रश्न हैं, इन सभी प्रश्नों की चर्चा हम बाद में करेंगे।

- समझ कैसे विकसित करें?
- निर्णय शक्ति कैसे बढ़ाएँ?
- यदि बुद्धि कमज़ोर लगे तो उसे बुद्धिमान कैसे बनाएँ?
- सेंटर में सुबह 5 बजे से लेकर 10 बजे तक सेवा चलती है तो स्वपुरूषार्थ कैसे करें? यह कुमारों के प्रश्न हैं।
- जब सेंटर में अन्य कोई कुमार न हो तो कुमार जीवन में अकेलेपन को कैसे दूर करें?
- सॉफ़्टवेयर इंजीनियर हूँ, पिछले एक साल से नौकरी नहीं है। पिछले छः महीने से नई टेक्नोलॉजी सीख रहा हूँ, इंटरव्यू दे रहा हूँ साथ ही सेंटर की एक सीनियर सिस्टर बीमार हैं इसलिए मैं सेवा भी कर रहा हूँ। मेरी आर्थिक समस्या नहीं है लेकिन मैं जॉब पर ध्यान नहीं दे पा रहा। मुझे लगता है सेवा पहले है, जबकि कुछ भाई कहते हैं कि यज्ञ सब संभाल लेगा, मुझे जॉब पर ध्यान देना चाहिए। मैं कन्फ्यूज हूँ, क्या करूँ?
- फ्रूट डाइट पर हूँ लेकिन कुछ दिन के बाद पके हुए भोजन की ओर गिर जाता हूँ फिर पूरा

दिन भोजन के विचार चलते हैं, गिल्ट और एन्ग्ज़ाइटी होती है, पुरुषार्थ कम हो जाता है। निराशा में फिर से वही चक्र शुरू होता है। इस दुष्चक्र से कैसे बाहर निकलूँ? जबकि फ्रूट डाइट का आनंद भी अनुभव कर चुका हूँ।

- दैनिक मुरली के वरदान को जीवन में कैसे लागू करूँ?
- स्कूल जीवन में ही ज्ञान में आ गया लेकिन उसके बाद भी कई बार अश्लील सामग्री देखकर अपनी शक्ति खोई। अब ब्रह्मचर्य की क्लास और योग से कुछ नियंत्रण आया है लेकिन दृष्टि और वृत्ति में दिन भर काम परेशान करता है। मन में गहरी निराशा आ गई है कि कुछ हासिल नहीं हो सका। क्या इतनी गलतियों के बाद भी पूर्ण ब्रह्मचर्य संभव है और इस निराशा से कैसे बाहर निकलें?
- बाबा कहते हैं, गृहस्थ में रहते हुए कमल पुष्प समान बनो और अपने हाथ से बनाया हुआ पवित्र भोजन खाओ, लेकिन मेरी माताजी मुझे ऐसा करने से मना करती हैं। वे दिन भर क्राइम न्यूज़ और सोशल मीडिया देखती हैं। उनके हाथ का बना भोजन लेने से मेरे मन में पूरे दिन हलचल, बेचैनी, उदासी, डर, इच्छाएँ और नकारात्मक संकल्प चलते हैं। मैं कितनी भी कोशिश करूँ, मेरी बुद्धि स्थिर नहीं होती। कृपया कोई उपाय बताएँ।
- मुझे शुरू से ही पुरुष शरीर की ओर आकर्षण होता था, स्त्री शरीर की ओर नहीं। मैं अधिकतर भाईयों के साथ ही रहता हूँ और यदि कोई सुंदर भाई दिखता है तो मैं उसकी ओर आकर्षित होता हूँ। ब्रह्मचर्य में अक्सर बताया जाता है कि स्त्री को बहन समझो या भाई-भाई की दृष्टि रखो, लेकिन यहाँ तो मुझे भाईयों में ही विकार उत्पन्न होते हैं। मैं क्या करूँ?
- क्या चांद सितारों से परे परमधाम वास्तव में कोई स्थान है? यदि है, तो इतनी सूक्ष्म आत्मा को इतने विशाल परमधाम की आवश्यकता क्यों है? या फिर क्या वह भी इस संसार की तरह केवल चेतना की एक उच्च अवस्था मात्र है?
- शरीर का वज़न स्थिर कैसे करें?
- जब शरीर के उन अंगों पर ध्यान केंद्रित करने का अभ्यास करते हैं तो विपरीत लिंगों का आकर्षण होता है। तब कभी-कभी मन साक्षी भाव से हटकर विषय चिंतन में लगता है।

गीता के अनुसार यह मिथ्याचार है। ऐसी स्थिति में जब मन नकारात्मक कल्पनाओं में रस लेने लगता है तो ब्रह्मचर्य प्रभावित होता है। विचारों में पूर्ण साक्षी भाव कैसे लाएँ?

- अपराध बोध की भावना से कैसे बाहर निकलें?
- स्वप्नदोष क्यों होता है? नींद में या रात में हो जाता है, चाहे कितना भी ख्याल रखो, महीने में एक-दो बार हो ही जाता है। यह बहुत से कुमारों का प्रश्न है।
- यदि हमें किसी ऐसे बीके के यहाँ ब्रह्मा भोजन का निमंत्रण मिलता है जिसकी धारणा के बारे में हमें जानकारी नहीं है। जैसे कि वे नियमित मुरली क्लास में आते हैं या नहीं, अमृतवेला करते हैं या नहीं और क्या भोग पहले बाबा को अर्पित किया गया है तो क्या हमें वह भोजन स्वीकार करना चाहिए?
- मन में उठने वाले संकल्पों के जो सूक्ष्म विकार उत्पन्न होते हैं, उससे बचने की क्या युक्ति है?
- मैं एक कुमारी हूँ और यद्यपि यह मंच मुख्यतः कुमारों के लिए है फिर भी मेरी भावनात्मक और मानसिक चुनौतियाँ उनसे मिलती-जुलती हैं इसलिए मार्गदर्शन चाहती हूँ। एक व्यक्तिगत ब्रेकअप के बाद मैंने 2023 में ज्ञान को गंभीरता से अपनाया। उससे पहले मेरी जीवन शैली और व्यक्तित्व पारंपरिक नहीं थे और मैं स्त्री और पुरुष दोनों के गुणों को अपने में अनुभव करती थी। जिस संबंध का मैंने उल्लेख किया वह एक महिला के साथ था। ब्रेकअप के बाद मैंने स्वयं को पूरी तरह आध्यात्मिकता में लगा दिया लेकिन अब महसूस होता है कि कुछ भावनाएँ दबी रह गई, समाप्त नहीं हुई। हाल ही में परिस्थितियों वश हम फिर मिले, जिससे पुराने भाव, लगाव, दर्द, स्मृतियाँ सब फिर से उभर आए। मैंने स्पष्ट किया है कि मैं किसी संबंध में नहीं जाना चाहती और सब कुछ ईश्वर को अर्पित कर दिया है फिर भी भीतर द्वंद्व चल रहा है। एक ओर मैं अपनी शांति बनाए रखना चाहती हूँ, दूसरी ओर भावनाएँ बार-बार उभरती हैं इससे अपराध बोध भी होता है। मेरा प्रश्न है, मैं इन भावनाओं को बिना दबाए और बिना अपने आध्यात्मिक मार्ग से हटे कैसे संतुलित करूँ?

यह सारे आज के प्रश्न हैं।

पाँच युक्तियाँ- लत से छूटने की युक्तियाँ, एडिक्शन से मुक्त होने की युक्तियाँ, मन के

पैटर्न को ब्रेक करने की युक्तियाँ, सबकॉन्शियस माइंड में जाकर, सबकॉन्शियस में क्या चल रहा है, अचेतन में उसे समझने की युक्तियाँ और उस कैद से बाहर निकलने की युक्तियाँ, बगावत करने की युक्तियाँ, सबकॉन्शियस रिवायरिंग करने की युक्तियाँ।

कल हमने पाँच बातें देखी थीं कि

- यह नहीं कहना, मैं नशेड़ी हूँ, मैं लती हूँ, मैं एडिक्ट हूँ, मेरे से तो होता नहीं। जब तलब, अर्ज उठे तो केवल यह कहना कि यह संवेदना मात्र है और संवेदना का स्वभाव अनित्य है। संवेदना आती है, संवेदना जाती है यह केवल संवेदना मात्र है बस। एक लहर है, एक वेव है, एक वेवलेट है। आई है यह चली जाएगी; यह रुकने वाली नहीं है। मैं इसको इतना गंभीरता से क्यों ले रहा हूँ और यह क्यों समझ रहा हूँ कि इसने मुझे पकड़ लिया? अरे! आई एक शैडो मात्र है, एक परछाई है।
- दूसरा, विस्तार - अपने आप को संगीत में, कला में, निःस्वार्थ सेवा में, कोई सृजनात्मक कार्य या प्रकृति की ओर मोड़ देना।
- तीसरा, शून्य - जो अंदर बेचैनी होती है, उस बेचैनी को मित्र बना लो क्योंकि हम सारा खेल तो उस बेचैनी से भागने के लिए कर रहे हैं ना। क्यों जाता है व्यक्ति एडिक्शन की ओर? क्यों ओवर ईटिंग करता है? अधिकतर इमोशनल ईटिंग ही होती है, भूख थोड़े ही ना होती है। इतनी बेचैनी, इतना खालीपन है कि कुछ खा के थोड़ी शांति अनुभव होती है। **DCRS** - दाल चावल रोटी सब्जी, इससे शांति मिलती है। यह जब तक नहीं मिले बेचैनी जाती नहीं है क्योंकि यह लेने के बाद फिर नींद आती है फिर थोड़ी देर वह दुःख भूल जाता है, वह अकेलापन भूल जाता है। तो कल हमने देखा था, उस अकेलेपन को, उस बेचैनी को, उस दुःख को देखो। उससे भागना नहीं है, उस बेचैनी को मित्र बनाओ, देखो क्या होता है।
- अगला, आइडेंटिटी शिफ़्ट - जो आइडेंटिटी बना रखी है, मैं ऐसा हूँ, मैं वैसा हूँ। बाबा ने कहा यह सब द्वापर का है। आज सुबह भी 4.30 बजे जो कमेंट्री चली बापदादा की आवाज़ में अनादि, आदि, पूज्य, पूर्वज ही था। आइडेंटिटी को ही शिफ़्ट कर दो।
- अगला, इस पल छोटी-छोटी जीत अर्जित करनी है। यह नहीं करना कि मैं आज से यह

खाऊँगा और वह खाऊँगा। अगले 1 घंटा बस। मैं हमेशा प्रकृति के सान्निध्य में रहूँगा। 1 घंटा रहूँगा बस, इतना करो। मैं थोड़ी देर मिट्टी में नंगे पाँव चलूँगा और मिट्टी में चलते हुए अनुभव करूँगा कि इस मिट्टी से ऊर्जा आ रही है। थोड़ी देर सूरज को देखूँगा, सूरज से मैत्री करूँगा, सूरज की दिव्य ऊर्जा मुझ में आ रही है। कहीं पर भी खड़ा रहूँगा, इन पर्वत श्रृंखलाओं को देखूँगा। एक पर्वत, दूसरे पर्वत से क्या बात कर रहा है? कहीं जाऊँगा, किसी झाड़ को स्पर्श मात्र करूँगा और अनुभव करूँगा उसमें क्या संवेदना है। पक्षियों की आवाज़ों को सुनूँगा, वे मुझसे क्या कह रहे हैं। वह **परसी शेली** ! एक पक्षी की आवाज़ क्या सुन ली, पूरा का पूरा महाकाव्य लिख दिया। इतना बड़ा काव्य जो आज तक सदियों से लोग पढ़ते आ रहे हैं। एक ही कविता में असंख्य उपमाएँ हैं। आज तक उसके लेवल का कोई कवि नहीं हो पाया। इतनी कल्पनाएँ, इतनी कल्पनाएँ!

What thou art we know not;
What is most like thee?
From rainbow clouds there flow not
Drops so bright to see,
As from thy presence showers
A rain of melody.

तुम क्या हो, यह हम नहीं जानते;
तुम्हारे समान क्या है?
इंद्रधनुषी बादलों से नहीं गिरतीं
इतनी चमकीली बूंदें देखने में,
जितनी तुम्हारी उपस्थिति से बरसती है
संगीत की वर्षा।

Like a maiden,
Like a rose embower'd,
What thou art we know not,
Sprite or bird,
That from heaven, or near it,

जैसे कोई युवती,
जैसे गुलाबों से घिरी हुई,
तुम क्या हो, यह हम नहीं जानते,
कोई आत्मा हो या पक्षी,
जो स्वर्ग से आया है या उसके निकट कहीं रहता है।

As the full heart in profuse strains
Of unpremeditated art,
Teach me half the gladness
That thy brain must know;
Such harmonious madness
From my lips would flow,
The world should listen then,
As I am listening now.

जैसे पूर्ण हृदय से उमड़ती धारा,
अकस्मात् उमड़ती कला की तरंगों में,
मुझे उस आनंद का आधा सिखा दो,
जो तुम्हारे मन को ज्ञात है;
तो ऐसी मधुर उन्माद भरी धुन
मेरे होंठों से भी बहने लगे,
तब सारी दुनिया सुनेगी,
जैसे मैं अभी तुम्हें सुन रहा हूँ।

तुम यह जो गा रहे हो, कहाँ से सीखा तुमने? किसने तुमको सिखाया? कहाँ तुमने प्रैक्टिस की, रिहर्सल की? अनप्रीमेडिटेटेड, अचानक, यह तो जैसे बह रहा है। उसने कितना लिख दिया। मुझे आधा तो सिखाओ जितनी तेरी बुद्धि है; हम बुद्धिहीन हैं, आधा केवल, पूरा भी नहीं। सारी दुनिया सुनेगी जैसे मैं तुमको आज सुनता हूँ।

तो यह पाँच बातें -

1. माइक्रो मूवमेंट अवेयरनेस

विचार और कर्म, उसके बीच में एक सेकंड का अंतर है, एक दूरी है। अभी-अभी वेग जागा है काम का और कर्म जो है, क्रिया जो है, उसके बीच में यह जो पल है, इस एक पल को पकड़ लो और उस एक पल में संकल्प करो, यह मैं सोच रहा हूँ या कोई मेरे द्वारा यह करा रहा है? कहीं यह माया तो नहीं? एक लंबी गहरी सांस लेना और वह संकल्प विलीन हो जाएगा। अभी-अभी जागा एक संकल्प, बस जागा; एक्साइटमेंट का संकल्प जागा है। फ़र्स्ट पॉइंट है माइक्रो मूवमेंट अवेयरनेस।

यह जो क्षणिक है, काम विकार है क्या? नसों की क्षणिक उत्तेजना मात्र है और कुछ भी नहीं है। यह उत्तेजनाओं का नर्तन है, द डांस ऑफ सेंसैशन्स। वह बस क्षणिक है, जागा है। उसी क्षण, उसी पल वह जागा और अभी क्रिया बनी नहीं है, अभी केवल मन में है। रात का समय है, 10 बजा है और जागा है। दोपहर का समय है और बिस्तर पर है और जागा है। शाम का समय है और मार्केट में घूम रहे हैं और जागा है। उस जागने और कर्म क्रिया के बीच में एक अंतराल है। इस अंतराल को देख लेना, इस अंतराल में साक्षी हो जाना। इस अंतराल में लंबी-लंबी सांसें लेना और यह कहना, यह मैं कर रहा हूँ? यह मैं सोच रहा हूँ कि कोई मेरे द्वारा यह करा रहा है? यह एक छोटा सा विचार है। कहीं यह यांत्रिक तो नहीं है? पुरानी आदत की वजह से मैकेनिकल रिपीटिशन तो नहीं हो रहा है?

जैसे किसी ने प्रश्न पूछा ना कि पास्ट रिलेशनशिप से जो ब्रेकअप हो गया उसकी यादें, उसका दर्द, उसका दुःख, उसकी स्मृतियां उभरती हैं। अब उस व्यक्ति से कोई लेना-देना नहीं है, 15 साल पहले उसको छोड़ दिया। पर वह अचानक सामने आ गया तो वह सब कुछ सैलाब की तरह उमड़ उठा, फिर से आ गया। अब क्या करें? लड़ाई करें? उससे भागें? उससे घृणा करें, नफ़रत करें? क्या करें? वह तो अपनी यात्रा में आगे बढ़ चुका है। देखना, माइक्रो मूवमेंट अवेयरनेस। यह है आज का सबसे पहला अभ्यास।

कल शाम को हमने एक वह जो एक घंटे की कमेंट्री है - **निर्वाण शतकम**। कल वह लगाई और एक घंटा अधिष्ठान में बैठे थे, नॉन-स्टॉप बिना हिले-डुले बस बैठे ही रहे। 15-20 मिनट

के बाद ही भयंकर अशरीरी अवस्था आ गयी। सोचा था 7.30 तक बैठेंगे, 8 बजे तक बैठे रहे, डेढ़ घंटा। वह कमेंट्री, वह गीत ग्रुप में पोस्ट करेंगे। वह है तो भक्ति मार्ग का या तो सन्यास मार्ग का कहेंगे, शंकराचार्य का लिखा हुआ।

ना मैं मन हूँ, ना बुद्धि हूँ, ना अहंकार हूँ, ना चित्त हूँ, ना कान हूँ, ना जीभ हूँ, ना नाक हूँ, ना नेत्र हूँ, ना आकाश हूँ, ना पृथ्वी हूँ, ना अग्नि हूँ, ना वायु हूँ, मैं शुद्ध चैतन्य शिव स्वरूप हूँ। जैसे ही वह गीत में शब्द आता था मैं शिवोहम् तो मैं आत्मा शिव स्वरूप हूँ, निराकार हूँ, बाप समान हूँ और हर बार वह एक ही रिपीट, रिपीट है। उस एक घंटे में वह रिपीट-रिपीट हो रहा था। मैं ना प्राण हूँ, ना पंच वायु, ना सप्त धातु, ना पंचकोश हूँ, ना वाणी हूँ, ना हाथ हूँ, ना पैर हूँ, ना गुदा हूँ, ना जननेंद्रिय हूँ, मैं शुद्ध चेतन चैतन्य स्वरूप हूँ। ना मैं राग हूँ, ना द्वेष हूँ, ना जीभ हूँ, ना मोह, ना मंद, ना ईर्ष्या, ना धर्म, ना अर्थ, ना काम, ना मोक्ष, मैं शुद्ध चैतन्य हूँ। सबको डिनाई कर दो, यह कुछ भी मैं नहीं हूँ। ना पाप हूँ, ना पुण्य हूँ, ना सुख हूँ, ना दुःख हूँ, ना मंत्र हूँ, ना तीर्थ हूँ, ना वेद हूँ, ना यज्ञ हूँ, ना मैं भोजन, ना भोजन करने वाला, ना ही भोग्य पदार्थ हूँ, मैं शुद्ध चैतन्य स्वरूप हूँ। ना मुझे मृत्यु का भय है, ना जाति का भेद, ना मेरा कोई पिता, ना कोई माँ, ना कोई जन्म, मेरा ना कोई बंधु है, ना मित्र है, ना गुरु है, ना कोई शिष्य। मैं निराकार हूँ, मैं निर्विकल्प हूँ, इंद्रियों में मैं ना आसक्ति हूँ, ना मैं मुक्ति का और ना ही कोई बंधन की मुक्ति की मुझे चिंता है।

इसको प्ले करेंगे, सभी स्थिर बैठ जाओ, आँखें बंद। वैसे एक घंटे का है यह गीत, उसमें रिपीट-रिपीट है और हो सके तो कभी इसके साथ बैठ के देखो। शंकराचार्य का निर्वाण शतकम। ये सब मैं हूँ ही नहीं, ये भ्रम मात्र है। कौन माँ, कौन बाप, कौन पिता, कौन भाई? कौन बंधु, कौन मेरा अपना, कौन पराया, यह पंचभूत मैं नहीं हूँ, पंच धातु मैं नहीं हूँ, सप्त धातु मैं नहीं हूँ, ना मैं राग हूँ, ना मैं द्वेष हूँ, ना मैं सुख हूँ, ना मैं दुःख हूँ, ना खाने वाला हूँ, ना खाद्य पदार्थ हूँ। इन सबसे पहले मैं चैतन्य स्वरूप हूँ, मैं चेतना हूँ। यह सारे पैटर्न को तोड़ेगा। तो बीच-बीच में पहले इसको अर्थ सहित पढ़ेंगे तो एक-एक शब्द जो संस्कृत का है वह अच्छे से समझ में आएगा।

2. सेंसरी फ़ास्टिंग

जो कंटीन्यूअस डिजिटल इंटेक हम लेते रहते हैं तो हफ़्ते में एक दिन निर्धारित करें जिस दिन टोटल डिजिटल फ़ास्टिंग करेंगे। जिस दिन मोबाइल से कुछ भी इंटेक आने नहीं देंगे,

डिजिटल से, सोशल मीडिया से, कोई भी इंफॉर्मेशन नहीं। हमारे कान और आँख, यह दो मुख्य हैं; इसमें से ही वह सारा इंटेक आते रहता है, डिजिटल कन्ज़म्पशन होता रहता है। **हफ़्ते में कम से कम एक दिन इंद्रिय उपवास।** कुछ भी नहीं आने देना। जैसे ही यह आउटसाइड का इंटेक बंद हो जाता है, अंदर जो दबा हुआ है, वह बाहर निकलता है, डीफ्रेगमेंट होता है। हमने इतने सारे अकाउंट्स खोल के रखे हैं। काम विकार के इतने अकाउंट्स हैं, सब साइन आउट करो, लॉग आउट। सभी अकाउंट से, इतने सारे रिलेशनशिप से, सारे रिलेशनशिप से लॉग आउट, साइन आउट। वह इस डिजिटल फ़ास्टिंग की स्टेज में होगा या दिन में भी एक-दो घंटा संभव है तो मोबाइल बाजू में, टोटल डिजिटल फ़ास्टिंग। कोई भी नई इंफॉर्मेशन नहीं घुसने देना। जो है वह बाहर निकलेगा और फिर सारा पुराना डीफ्रेगमेंट होगा। इसको कहते हैं **सेंसरी फ़ास्टिंग**। सेंसरी इंटेक नहीं होने देना है। हम कंटीन्यूअस कन्ज़म्पशन कर रहे हैं, कंटीन्यूअस कोई लेक्चर, कोई क्लास, कोई गीत या कुछ और। कुछ ऐसा टाइम निकालना है जिसमें कोई भी इंटेक ना जाए। बस केवल अंदर बैठो।

तीन जैन योगी घूम रहे होते हैं और एक व्यक्ति को देखते हैं जो पहाड़ पर खड़ा है। वह पहला जैन साधु कहता है, मुझे लगता है यह चरवाहा है, इसकी भेड़ें खो गई हैं, वह भेड़ों को ढूँढ रहा है। दूसरा कहता है, ना, मुझे लगता है इसके साथ कोई साथी था, वह साथी खो गया है, वह उस साथी को खोज रहा है। तीसरा कहता है, ना, मुझे लगता है वह ध्यान कर रहा है क्योंकि देखो वह एकदम स्थिर खड़ा है। वह तीनों उसके पास जाते हैं, पूछते हैं, हमने तुम्हारे बारे में यह सोचा है, अब बताओ हम तीनों में से कौन सही है? क्या तुम्हारी भेड़ें खो गई हैं और तुम चरवाहे हो?

वह कहता है, ना, मेरे पास तो भेड़ें ही नहीं। दूसरा कहता है, क्या तुम्हारे मित्र खो गए हैं? वह कहता है, मेरा कोई मित्र नहीं है। अच्छा तो तुम ज़रूर मेडिटेशन कर रहे हो। वह कहता है, मेडिटेशन मुझे आता ही नहीं। तो तुम कर क्या रहे थे? **वह कहता है, मैं कुछ नहीं कर रहा था, केवल था, बस मैं हूँ। कुछ भी नहीं कर रहा था केवल इस पल में हूँ। इस पल में होने की कोशिश कर रहा था। दिस मोमेंट!** ज़रूरी थोड़े ही ना है कि कुछ करना ही है? कुछ करने की ही आवश्यकता है क्या? कुछ करने से ही तो गड़बड़ हुई है। **मनुष्य की सबसे बड़ी बीमारी क्या है? कुछ करना।** वह बिना कुछ किए नहीं रह सकता है, उसे कुछ करना है, कुछ तो करूँ, कुछ तो

करूँ।

एक राजा एक ज़ेन मोनेस्ट्री में आता है। एक बहुत बड़ा जैन मठ होता है, उसमें भ्रमण के लिए आता है। उस आश्रम का जो मठाध्यक्ष है, हेड ऑफ़ द मोनेस्ट्री, प्रमुख गुरु है, वह उसको सब कुछ दिखाते हैं। यह हमारा शयन कक्ष है, यह हमारा किचन है, यहाँ पर लॉन्ड्री डिपार्टमेंट है, यह वह डिपार्टमेंट है, यहाँ पर हमारे जो योगी, ब्रह्मचारी हैं, शाम को यहाँ पर कबड्डी खेलते हैं। एक बीच का कक्ष होता है उसको छोड़कर सब कुछ दिखाते हैं। राजा बीच-बीच में पूछता है, यह जो हॉल बना हुआ है यहाँ बीच में क्या करते हैं? वह ध्यान ही नहीं देता। वह उसको इधर-उधर घुमाते हैं। यह हमारा प्लेग्राउंड है, यहाँ पर हमारे जो सन्यासी हैं वह खेलते हैं, तपस्या करते हैं, यह करते हैं, वह करते हैं। पर वह बीच वाला कक्ष क्या है वह बताता ही नहीं। वह कहता है, बस हो गया। राजा कहता है, रोको अभी! पहले मुझे बताओ यहाँ क्या करते हैं। यह इतनी बड़ी जो खाली जगह है यहाँ करते क्या हैं? वह कहते हैं, क्या बताऊँ, यहाँ कुछ करते ही नहीं। यही तो मेडिटेशन है, कुछ ना करना। **यह सारी करने की जगह है, यह ना करने की जगह है, बस होने की जगह है। बीइंग! अगर मैं वास्तव में आत्मा हूँ तो मुझे यह कहने की भी क्या आवश्यकता है? मुझे बस उसका अनुभव करना है।**

3. इमोशनल ट्रांसम्यूटेशन

हम विकारों की ओर क्यों भागते हैं क्योंकि अंदर बेचैनी है, कल भी देखा था, खालीपन है या फिर दुःख है। कल हमने देखा था, उससे भागना नहीं, उसको मित्र समझो। आज का जो चैप्टर है वह यह है कि उसको, वह जो भाव है, उसको स्वीकार करो और उसको आँसुओं से या प्रार्थना से बाहर निकलने दो। अंदर जो दुःख है उसको बाहर निकलने दो इसीलिए तो कोई मित्र चाहिए। **अंदर कोई खालीपन है इसीलिए तो हम भोजन या कुछ ढूँढते हैं। उस खालीपन को स्वीकार करो कि ये मेरे अंदर है।** यह भूल जाओ कि 50 साल से ज्ञान में हैं या 2000 लेक्चर दिए या 10000 लेक्चर दिए। इस लेक्चर देने के अहंकार को भी नीचे गिरा दो। 1000 लोगों को ज्ञान में लाए या 2000 लोगों को लाए या 100 सेंटर खोले या 200 सेंटर खोले। खालीपन तो है ही, विक्षिप्तता है फिर वह अंदर कुछ का कुछ जुड़ जाता है।

कल एक आत्मा आई थी, एक बहन, वह कह रही थी कि मैं दादी बृजेंद्रा हूँ। सारे सर्किट

इधर-उधर। तो यह जो भाव है, अगर दुःख है उसको दबा के ना रखो, उसको आँसुओं के द्वारा बहने दो, रो लो जितना रोना है। **योगी होने के चक्कर में, अचल अडोल बनने के चक्कर में बहुत दबा के रखा है।** ब्राह्मण परिवार के सामने यह दिखाना कि मैं कितना महान हूँ, मैं कभी रोता ही नहीं, इतना कुछ-कुछ हुआ है। अरे रो लो, दुःख को बहने दो, उसे प्रेशर कुकर की तरह दबा के रखा है। कल बताया था ना, इतनी इच्छाएँ हैं। किसी के साथ दोस्ती हो गई, ब्रेकअप हो गया और फिर ज्ञान में आ गए। ज्ञान में आ गए तो फिर इसका क्या? वह व्यक्ति फिर सामने आ गया तो, फिर क्या? कितनों ने यही पूछा ना गिल्ट का क्या करें? क्योंकि उसको बहने नहीं दिया। स्वीकार करो।

यह नहीं समझो मैं अति महान, अति मानव हूँ। मुझ में भी यह सब होता है जो सब में होता है। हमको भी बुरा लगता है, सबको बुरा लगता है, सबको प्रेम चाहिए, सबको प्यार चाहिए। हमें बचपन में प्यार मिला ही नहीं, सब ने टॉर्चर किया। पूरा अब्यूज़ का जीवन रहा, ट्रॉमैटिक चाइल्डहुड रहा और फिर ज्ञान में आए। हर एक के ज्ञान में आने के पीछे का अलग-अलग कारण है और हर एक का अपना-अपना चाइल्डहुड है। किसी को सब कुछ मिला, बचपन से ही आध्यात्मिक वातावरण मिल गया, बचपन से ही चेतना एकदम जागृत रही, बचपन से ही वैराग्य रहा है। संसार का कभी आकर्षण हुआ ही नहीं, जैसे बचपन से ही पता था यह संसार और मैं अलग हूँ। ऐसी कुछ-कुछ आत्माएँ हो सकती हैं। बाकी सब तो संसार की वासनाओं की चक्की में अच्छे से पिसे हैं, पिस-पिस के, पिस-पिस के फिर इधर आए। सारे संसार के मोह, बंधन, जाल, वासनाएँ सब अनुभव किया। इतनी कड़वाहट के साथ में यहाँ आए और अभी बाबा-बाबा कर रहे हैं।

एक टैक्सी ड्राइवर था। उसने एक व्यक्ति को अपनी टैक्सी में घुमाया और सुबह से शाम तक पूरा साइट सीइंग कराया। शाम को जब वह व्यक्ति उसे पैसे देने लगा तो उसने पैसे लेने से मना कर दिया। कारण आप बताओ क्यों? वह टैक्सी ड्राइवर कहता है, मैं 20 साल से टैक्सी चला रहा हूँ, आज तक किसी ने इतने प्यार से मुझसे बात नहीं की। आप में मुझे एक मित्र दिखाई दिया। मैं अपने मित्र से पैसे कैसे लूँ? सब ने मुझे टैक्सी ड्राइवर के रूप में देखा, ऐ ड्राइवर! इधर आ, ऐ ड्राइवर कहाँ चला गया था.. ऐसे ही बात की। 20 साल में आप पहले आदमी हो जिसने इतने प्यार से बात की। तो वह जो भीतर दबा हुआ है उसको बह जाने दो। रो लो, प्रार्थना करो। हम

सोचते हैं हम प्रार्थना कैसे करें? अरे, करो! भक्त बनो और प्रार्थना करो कि मुझे इससे मुक्त करो।

4. एनवायरमेंटल डिज़ाइन

अपने वातावरण को ही बदल दो क्योंकि जो विकार जिस कमरे में पला-बढ़ा है, उसी कमरे में परिवर्तन नहीं हो सकता, मुश्किल है इसलिए कमरे को बदल दो। कमरे को नहीं बदल सकते तो उसकी डिज़ाइन बदल दो, बेड इधर है तो बेड उधर कर दो। ट्रांसलाइट इधर है तो ट्रांसलाइट को उधर कर दो या कुछ दिन के लिए कमरा बदल दो, स्थान ही बदल दो क्योंकि जो विकार जहाँ पनपा है, पला-बढ़ा है, जहाँ उसकी पालना हुई है, अब उसे दूसरा एनवायरमेंट चाहिए। इसलिए मधुबन में आना लोगों के लिए एक रिफ्रेशमेंट क्यों होता है? एनवायरमेंट चेंज हो जाता है।

किसी रिट्रीट सेंटर पर जाओ, सेंटर पर अगर बड़ा सेंटर है, मतलब देखते हुए अगर वह वातावरण चेंज हो जाए, कुछ दिनों के लिए, 24 घंटे के लिए चेंज हो जाए। अगर नहीं हो सकता है, किसी मंदिर में जाकर बैठ जाओ, प्रकृति के सान्निध्य में जाकर बैठ जाओ, आर्ट गैलरीज़ होते हैं, वहाँ जाकर बैठ जाओ। कहीं पर भी... हनुमान जी के मंदिर में जाकर बैठ जाओ, वह जागृति आ जाएगी। इधर एक बहुत बड़ी हनुमान की मूर्ति है ना पीछे, कितनी बड़ी मूर्ति है ऐसी लाल वाली दिलवाड़ा के उधर जाते हुए, उसको जाके देख लो। अपने से जो बड़ा है ना, उसको देखना है कि जो बहुत विशाल है, जिसके सामने मैं छोटा हूँ। तो एनवायरमेंटल चेंज, पूरा कमरा बदल दो या चेंज कर दो।

5. इनवोकेशन ऑफ़ ग्रेस

यह सबसे पावरफुल टेक्नीक है। इसमें कहा ना, काम विकार 100%, ब्रह्मचर्य 100% करें, कैसे करें? स्वप्नदोष होता है, यह होता है, वह होता है, ऐसा हो सकता है क्या? यह है समर्पण। **उस परम सत्ता के आगे स्वयं को समर्पित कर दो कि बाबा, मैंने सब कुछ करके देख लिया फिर भी पराजय हो रही है अब तुम कुछ करो। डिवाइन इंटरवेंशन की आवश्यकता है। तुम करो। मैं इस बेचैनी से छूट नहीं पा रहा हूँ, तुम मदद करो।** बाबा ने तो कहा है ना, आ जाओ, मेरे साथी, मेरी मदद करो। खुद ही कहा है कि ऐसा बोलो। यहाँ समर्पित कर देना है। यह सब कुछ

करके भी नहीं हो रहा है, यह देहभान निकलता ही नहीं है, नए-नए देहभान आते हैं तो यहाँ क्या है, सरेंडर, इनवोकेशन ऑफ़ ग्रेस। परम सत्ता का आह्वान करना है। जब हम किसी का आह्वान करते हैं ना, जैसे शास्त्रों में दिखाया है यज्ञ-हवन करते थे तो क्या करते थे? देवताओं का आह्वान करते थे। तो यज्ञ करते-करते चैतन्य चारों तरफ बिखर जाता था। अपने आप सब कुछ बदल जाता था। जैसे कि देवताओं को आह्वान किया तो देवता प्रकट हो जाते थे। जैसे मराठी में कहते हैं 'चाहुल', जैसे एक महसूसता होने लगती है कि चैतन्य को, वातावरण में अभी कुछ दिव्य होने वाला है। अपने आप शुभ संकेत आने लगते हैं। मौसम में कुछ परिवर्तन होने लगता है, शुभ संकेत। यह सब उस समय यज्ञ से होता था। **सबसे बड़ा यज्ञ है, ज्ञान यज्ञ, योग यज्ञ, सेवा यज्ञ, धारणा यज्ञ, तप यज्ञ, ब्रह्मचर्य यज्ञ, प्रतिज्ञा यज्ञ करो.. भीतर ही।**

तो आज पाँच बातें हैं -

माइक्रो मूवमेंट अवेयरनेस - कर्म, विचार और क्रिया के बीच में जो अंतराल है, उसमें एक विचार कि यह मैकेनिकल मैं कर रहा हूँ, मेरे से कोई करा रहा है या मैं खुद कर रहा हूँ? बस यह विचार, लंबी-लंबी सांसें उसको रोक देंगी।

सेंसरी फ़ास्टिंग - हफ़्ते में एक दिन, 15 दिन में एक दिन डिजिटल फ़ास्टिंग, 24 घंटे के लिए मोबाइल से दूर। कोई भी इंटेक नहीं डाल देना। टू मच इंफॉर्मेशन कॉज़ेस रेस्टलेसनेस, पीसलेसनेस। बहुत अधिक सूचनाएँ बेचैनी उत्पन्न करती हैं इसलिए अभी हटाओ। जब हम नए-नए आए थे, 2010 में सूरज भाई जी मिले थे तो भाई जी ने कहा था कि तुम्हें अब कुछ भी पढ़ने की ज़रूरत नहीं है। तुम्हारे यहाँ (मस्तक में) सब कुछ है। कुछ भी मत करो। बुद्धि में ही सब कुछ समाया हुआ है, एक दिन यहाँ से सब निकलेगा।

इमोशनल ट्रांसम्यूटेशन अर्थात जो भावना है उसको जो दबा के रखा है, उसको बह जाने दो। स्वीकार करो मैं दुःखी हूँ, स्वीकार करो, मैं व्यसनी हूँ, मैं विकारी हूँ, मैं बहुत फ्रस्ट्रेटेड हूँ, यह स्वीकार करते ही वह बहने लगेगा। या प्रार्थना करो कि अब मुझे उससे छुड़ाओ। यह ज़रूरी है, यह ज़बरदस्ती थोपना नहीं, महान आत्मा हूँ, सर्वशक्तिमान - यह ठीक है लेकिन पहले उसको स्वीकार करो।

एनवायरमेंटल डिज़ाइन - इसमें आज एक-दो घंटा कुछ चेंज करके देखो। प्रकृति के साथ जाके बैठो, इससे बहुत-बहुत-बहुत ऊर्जा मिलती है। उसके कुछ 10-15 स्वमान क्रिएट करो। एआई की हेल्प ले लो, 100 स्वमान प्रकृति के जोड़ने से अपने आप आ जाएँगे तो वह हेल्प करेंगे।

इनवोकेशन, आह्वान - हे परम सत्ता, हे परम शक्ति, मैं तुम्हारा आह्वान करता हूँ। भगवान मुरलियों में कितना कहता है, मैं तुमसे इतना प्यार करता हूँ, इतना प्यार करता हूँ। तो आह्वान करने के बाद वह आह्वान सुनेगा ना। आह्वान कि बाबा, मैं आपका आह्वान करता हूँ, आओ और मुझे मार्ग बताओ। वह सुनता है ना, सुनेगा ना। **जब भक्ति मार्ग में चींटी के पाँव में यदि घुंघरू हैं, उसकी आवाज़ वह सुनता है तो यहाँ तो हम इतने बड़े चैतन्य हैं, क्या वह हमारी आवाज़ नहीं सुनेगा? हम उनके बच्चे हैं।**

He that planted the ear, shall He not hear?
He that planted the eye, shall He not see?
जिसने हमें सुनने के लिए कान दिए, क्या वह स्वयं नहीं सुन सकता?
जिसने हमें देखने के लिए आँखें दीं, क्या वह स्वयं नहीं देख सकता?

उसने कितने खास और इतने सारे स्वमान दिए, तुम ये हो, वो हो, वो हो और वो हमारी बात भी नहीं सुनेगा? मैं आपका आह्वान करता हूँ, अभी के अभी आओ, प्रकट हो जाओ।

Notes :

आज का होमवर्क

1 । माइक्रो मूवमेंट अवेयरनेस (क्षणिक साक्षी जागरूकता)

एक्टिविटी : "रैंडम बेल रीसेट"

▸ सत्र के दौरान 5–10 बार रैंडम टाइम पर हल्की घंटी/मोबाइल ध्वनि रखें

▸ जैसे ही आवाज़ बजे: तुरंत स्थिर हो जाएँ, मन ही मन देखें:

▸ मैं अभी क्या सोच रहा/रही था?

▸ मैं क्या महसूस कर रहा/रही था?

▸ मेरा ध्यान कहाँ था?

▸ कुछ लिखना नहीं — केवल देखना और छोड़ देना

गहरी समझ / इनसाइट: इससे अवचेतन मन की चल रही प्रक्रिया पकड़ में आती है

2 । डिजिटल फ़ास्टिंग (डिजिटल उपवास)

एक्टिविटी : "1 घंटे तक मोबाइल का उपयोग नहीं करना"

▸ आज 1 घंटे तक मोबाइल का उपयोग नहीं करना,

▸ जब भी नोटिफिकेशन देखने की इच्छा हो: रुकें... देर करें

गहरी समझ : तलब को थोड़ी देर रोको — वह अपने आप समाप्त हो जाती है

3 । इमोशनल ट्रांसम्यूटेशन (भावों का रूपांतरण)

एक्टिविटी : 'इमोशन कलर फ्लिप'

▸ एक भावना चुनें (गुस्सा / डर / उदासी), उसका एक रंग सोचें (जैसे लाल), अब अर्थ बदलें:
लाल → शक्ति / साहस, नीला → शांति

गहरी समझ : भावना वही, अर्थ बदला = ऊर्जा बदल गई

आज का होमवर्क

4 । एनवायरमेंटल डिज़ाइन (वातावरण की रचना) -

▸ **एक्टिविटी : वर्चू टैगिंग ऐट होम**

(घर में लोगों के अच्छे गुणों को पहचानकर उन्हें शब्दों से "टैग" करना)

▸ **पहला चरण :** वस्तुयें चुनें

दर्पण | दरवाजा | मोबाइल | बिस्तर | बोतल

▸ **दूसरा चरण :** गुण जोड़ें

दर्पण →स्वमान

दरवाजा →नई शुरुआत

मोबाइल→अनुशासन

बिस्तर → शांति

बोतल → शुद्धता

▸ **तीसरा चरण :** थॉट ए एक्टिवेशन (विचार सक्रिय करना)

जब भी वस्तु दिखे: 2 सेकंड रुकें, 1 सकारात्मक विचार बनाएं

उदाहरण :

दर्पण → "मैं आत्मसम्मान स्वरूप हूँ"

दरवाजा → "हर क्षण नया अवसर है"

मोबाइल→ "मैं इसका मालिक हूँ"

मुख्य विचार : वस्तु → विचार → वातावरण में बदलाव

5 । इनवोकेशन ऑफ़ ग्रेस (अनुग्रह का आह्वान)

एक्टिविटी: "ग्रेटीट्यूड ड्रॉप"

▸ आँखें बंद करें... 3 व्यक्तियों को याद करें जिनके लिए आप आभारी हैं

(जैसे: बापदादा, दादियां, माता-पिता)

▸ अनुभव करें: "मैं अकेला नहीं हूँ"

गहरी समझ: कृतज्ञता = अनुग्रह को सक्रिय करना

DAY 4

जाग उठो ओ वीरों, अब न झुको, न रुको।
क्रांति का बिगुल बजा है, मुक्ति का द्वार खुला है...

एक प्रोटेस्टेंट बिशप, उनके ही चर्च द्वारा संचालित एक स्कूल का निरीक्षण करने गए। रात अधिक हो गई थी इसलिए उन्होंने वहीं रुकने का सोचा और रात में स्कूल के जो प्रिंसिपल थे, उनके साथ थोड़ी चर्चा हुई। चर्चा के दरमियान उस बिशप ने कहा कि मनुष्य ने प्रकृति के असंख्य रहस्यों को जान लिया है, मुझे नहीं लगता है कि अब और कुछ जानना बाकी है, हो सकता है यह सृष्टि अब विनाश हो जाए। उस प्रिंसिपल ने कहा, नहीं, मुझे ऐसा नहीं लगता। इस सृष्टि में अभी भी बहुत से रहस्य हैं जो अभी भी गुप्त हैं जिन्हें मनुष्य ने नहीं जाना है। उस बिशप ने कहा, परंतु मुझे ऐसा नहीं लगता। क्या तुम कोई एक उदाहरण बता सकते हो? उस प्रिंसिपल ने कहा कि हाँ, आज मनुष्य धरती पर चलता है, हो सकता है एक समय आएगा जब वह उड़ेगा। वह बिशप कहता है, ऐसे कैसे उड़ेगा? मनुष्य को प्रकृति ने चलने के लिए बनाया है अगर वह उड़ने के लिए बनता तो उसके पंख होते। यह बिशप, प्रोटेस्टेंट बिशप था। क्रिश्चियनिटी में दो भाग हैं, एक प्रोटेस्टेंट और एक कैथोलिक्स। प्रोटेस्टेंट जो हैं वो थोड़ी नई विचारधारा वाले हैं, साइंस की तरफ झुकने वाले। कैथोलिक जो हैं वह सूफ़ी की तरह हैं, जिनके हृदय में केवल प्रेम है। यह जो बिशप था, इसके दो बेटे थे, ऑरविल और विलबर। 1903 में इन्हीं दो बेटों - राइट ब्रदर्स ने इस दुनिया का सबसे पहला हवाई जहाज़ बनाया और उड़ाया।

परिश्रम के साथ अनुसंधान की आदत कि मुझे रिसर्च करनी है, एक्सप्लोर करना है, हर एक संभावना को टटोलना है, जिसे मैं असंभव समझता हूँ वो यदि मैं अनुसंधान के रूप में ले लूँ, उस पर रिसर्च करूँ, उन सारे उपायों के बारे में सोचूँ, खोज करूँ और दृढ़ता से करूँ तो इस सृष्टि में अभी भी इतने असंख्य रहस्य छिपे हुए हैं कि वह सारे रहस्य हमारे सामने प्रकट होने लगेंगे। **यदि मन एकाग्र हो जाए, यदि भीतर लगन हो, एक जिज्ञासा, एक क्यूरियोसिटी, रिसर्च का भाव, खोज की वृत्ति कि मुझे खोज करनी है और यदि मैं खोज करूँ तो कुछ नया अवश्य निकलेगा।** खोज, सर्च, क्वेस्ट और कई बार खोज करते-करते ऐसी नई वस्तु निकल

आती है जिसके विषय में हमने सोचा भी नहीं हो, सेरेंडिपिटी।

उत्सव है, क्रांति का पर्व है संघर्ष का। **क्रांति को क्या बनाना है? उत्सव, फ़ेस्टिविटी, एक आनंद का पर्व।** दुःखी हो के रिसर्च नहीं करनी है। मुरली उत्सव बन जाए, एक रिसर्च का टॉपिक बन जाए और जो रिसर्च का टॉपिक होता है उसमें हम क्या करते हैं? डूबते हैं, उदाहरण ढूँढते हैं। थीसिस का टॉपिक होता है, उसका क्वेश्चनेयर बनता है। उदाहरण- माउंट आबू के स्कूलों में टीचर्स की समस्या है। अब वह यहाँ बैठे तो पता नहीं चलेगी ना। तो स्टेप नंबर वन क्या है, एक ग्रुप को बनाना पड़ेगा फिर एक क्वेश्चनेयर बनता है जिसमें टीचर्स के लिए 25 प्रश्न हों। फिर स्कूलों में जाना पड़ेगा, उन टीचर्स को मिलना पड़ेगा, प्रश्न देने पड़ेंगे और फिर कहना पड़ेगा हम कब आएँ? फ़ोन करना पड़ेगा, किया कि नहीं किया? फिर वापस जाओ, फिर प्रश्न लेकर आओ फिर वह सारे उत्तर अभी मिल गए फिर क्या करो, एक जगह रखो फिर सारे प्रश्नों को कंपेयर करो फिर उसका ग्राफ़, स्टैटिस्टिक्स बनाओ, ढ़ेर सारे ग्राफ़्स बनेंगे, एक-एक प्रश्न का एक-एक ग्राफ़, उसमें परसेंटेज निकलेंगे फिर उसका स्टैटिस्टिक्स, जिन्होंने पढ़ा है उन्हें पता है रिसर्च में क्या-क्या करना होता है। काई स्क्वायर टेस्ट निकालो, हर एक टेस्ट निकालो फिर कंक्लूड करो और लास्ट में फिर कन्क्लूज़न। ऐसी पीएचडी बनती है फिर जाकर वह मिलता है। बहुत मेहनत है। यह सब में उसने क्या किया? मेहनत, रिसर्च किया वैसे ज्ञान को रिसर्च का केंद्र बनाना है।

उत्सव है क्रांति का, पर्व है संघर्ष का, गीत है विद्रोह का, संगीत है विप्लव का। बाहर नहीं कोई शत्रु, चिरशत्रु भीतर है विराजित। हमारी लड़ाई बाहर के किसी भी व्यक्ति से नहीं, हमारे सारे शत्रु भीतर ही विराजित हैं। वासनामयी चेतना, कॉन्शियसनेस जो है वो मलिन हो गई है। प्रदुष्ट विवेक, ये विवेक दोषयुक्त है। क्षीणकाय है आत्मबल। आत्मा की शक्ति ही कम हो गई है। पता उसे सब है फिर भी दुर्योधन सिंड्रोम से ग्रसित है। पता है यह करना नहीं है फिर भी रुक नहीं पाते। बोझिल स्मृति, स्मृति पर संस्कारों का, पुराने पैटर्न्स का, विकर्मों का, मान्यताओं का बोझ है। बेला आई नव जागरण की, मोह निद्रा से पुनर्जागरण की। **उठ वह सकता है जिसे यह पता चल गया कि मैं सोया था परंतु उस व्यक्ति को कैसे उठाएँ जो ढोंग कर रहा है सोने का?** जिसे जागरण आ गया, जागरण की फ़ीलिंग आ गई कि मैं सोया था। खींची है तलवारें, सज उठा है लश्कर। ये कौन सी लड़ाई है? ये कौन सा महाभारत है? कुरुक्षेत्रे, धर्मक्षेत्रे, ये कहाँ हो रहा है?

रणचंडी रक्त की प्यासी खड़ी, मुक्ति-मुक्ति पुकारती खड़ी। विजयी हो तुम, वीर हो, निरामय हो तुम, निर्विकार हो। जागो, उठो ओ वीरो, अब न झुको न रुको। क्रांति का बिगुल बजा है, मुक्ति का द्वार खुला है। निर्भय हो, निडर हो तुम। उत्सव है क्रांति का, पर्व है संघर्ष का।

प्रश्नों का कोई अंत नहीं -

- ✦ सेंटर पर सब कुछ परफ़ेक्ट है लेकिन बाहर की दुनिया में पॉलिटिक्स आदि चीज़ों को कैसे संभालें? कृपया मार्गदर्शन करें। बाहर क्या है? पॉलिटिक्स, राजनीति की फसल में इतने नेता पैदा हो गए हैं कि कृषि प्रधान देश कुर्सी प्रधान हो गया है।
- ✦ ज्ञान में मेरी भाषा बहुत मीठी और शुद्ध हो गई है लेकिन सभी के प्रति अपनी भावनाओं को कैसे मीठा और शुद्ध करूँ? कृपया स्पष्ट करें।
- ✦ ब्राह्मण जीवन में सीनियर आत्मा और जूनियर आत्मा की स्पष्ट परिभाषा क्या है?
- ✦ सीनियर या जूनियर, यह महारथी ये कम महारथी। महारथी अर्थात वह जो ज़्यादा भाषण करें और जो घोड़े सवार अर्थात जो भाषण न करें, ऐसा? भाषण करने वाले का योग क्या है ये तो पता ही नहीं और हमने उसे स्टैंप दिया कि ये भाषण अच्छा करते हैं, ज़्यादा करते हैं इसलिए ये महारथी हैं। किसी ने पूछा था, हमारे सेंटर पर तीन लोग हैं, एक को 10,000 लोग सुनते हैं, एक को 5,000, एक को कुछ 15,000 (उनके द्वारा मुरलियाँ), तीनों के तीन चैनल हैं तो तीनों में से बड़ा राजा कौन बनेगा? सब कुछ ठीक है, यह भी एक है आई एम ओके।
- ✦ मैं अपने गुरु जी के प्रति निष्ठा और ब्रह्माकुमारी मार्ग की ओर आकर्षण, इन दोनों के बीच के आंतरिक संघर्ष को कैसे सुलझाऊँ? बचपन में मैं अपने गुरु जी के प्रति समर्पित रहा हूँ। नवंबर 2019 में बीके के संपर्क से संपर्क हुआ और जून 2023 के बाद गहरा जुड़ाव महसूस हुआ। जून 2025 में ऐसी जगह पोस्टिंग है जहाँ सेंटर जाना संभव नहीं है। अब समझ नहीं आता किसे फॉलो करूँ और गुरु के प्रति बेवफ़ाई का भाव भी आता है। कृपया मार्गदर्शन करें।
- ✦ जो हुआ अच्छा हुआ जो होगा अच्छा होगा, इसे दिल से स्वीकार करना और ड्रामा को

जैसा है वैसे मानना, इतना कठिन क्यों लगता है?

- आप क्लास में कहते हैं कि अपनी ऊर्जा को ऊपर उठाओ, नीचे मत बहने दो तो इसकी विधि क्या है? इसे प्रैक्टिकल में कैसे करें? क्या सावधानियाँ रखें? कृपया स्पष्ट करें।
- क्या मेडिसिन और ब्रह्मचर्य का आपस में संबंध है? रोज़ाना दवा लेने से इसे कैसे संतुलित करें?
- कभी-कभी अलबेलापन महसूस होता है, ऐसा लगता है कि कोई साथी हो जो हमें समझे, हमारा ध्यान रखें। कभी अकेले अच्छा लगता है लेकिन कभी बहुत बेचैनी होती है, बहुत नेगेटिव संकल्प आते हैं। इससे कैसे मुक्त हों? कृपया मार्गदर्शन करें।
- मेरे साथ ऐसा होता है कि महीने में एक-दो बार रात में नींद खुलती है और मैं अश्लील कंटेंट देखने लग जाता हूँ, उस समय कंट्रोल नहीं रहता। मैंने मोबाइल में ब्लॉकर भी लगाया है लेकिन फिर भी ब्लॉकर से बाहर निकलने का रास्ता निकाल लेता हूँ। इससे बहुत परेशान हूँ। दिन में कभी-कभी सेक्सुअल फ़ैन्टेसी चलती है, योग में भी बाधा आती है। क्या करूँ?
- मैं कुमारी हूँ, पहले मुरली पढ़ती थी तो याद रहती थी, अब याद नहीं रहती। अव्यक्त मुरली एग्ज़ाम के समय टेंशन हो जाता है, मुरली कैसे याद रखें?
- क्या हम मंदिर जैसे हनुमान जी का मंदिर में जाकर बैठ सकते हैं, जहाँ लोग हनुमान चालीसा का पाठ करते हैं? क्या वहाँ जाना और पाठ करना ठीक है?
- मैं कुमारी हूँ लेकिन लोग मुझे कुमार कहते हैं। कभी-कभी ऐसी आत्माएँ संपर्क में आती हैं जो मेरी पवित्रता को हिलाने की कोशिश करती हैं, जबकि मेरे मन में नेगेटिव विचार नहीं आते। ऐसा क्यों होता है और मुझे कैसे रहना चाहिए?
- आज की व्यस्त जीवन शैली में परफ़ेक्ट ब्रह्मचर्य कैसे रखें? मेरे कुछ दोस्त एडल्ट कंटेंट देखने के आदि हैं, उन्हें कैसे बाहर निकालें और मोटिवेट करें?
- मैं फ्रूट डाइट पर हूँ। आयुर्वेदिक डॉक्टर कहते हैं सुबह फल नहीं खाना, 10:00 बजे खाना चाहिए। अंग्रेज़ी डॉक्टर कहते हैं खाली पेट फल खा सकते हैं। कृपया बताएँ फल कब और

कितना खाना चाहिए?

- मैं बचपन से ज्ञान में आई थी फिर बीच में सेंटर जाना छूट गया। बाद में एक लड़के के साथ रिलेशन में आ गई, अब उस रिश्ते से निकलना चाहती हूँ लेकिन वह भावनात्मक दबाव डालता है, धमकी, बेहोश होना आदि। मैं ज्ञान में आगे बढ़ना चाहती हूँ लेकिन समझ नहीं आता है कैसे निकलूँ। कृपया मार्गदर्शन करें।
- ब्रह्मचर्य की भट्ठी पहले भी हो चुकी है लेकिन यदि फिर से लंबी भट्ठी प्रशिक्षण के रूप में हो तो बहुत अच्छा होगा।
- लोग पूजा या तीर्थ से प्रसाद लाते हैं, क्या हमें वह प्रसाद लेना चाहिए या नहीं?
- मैं पूरा दिन जॉब और घर का काम करती हूँ, दिन के अंत में बहुत थक जाती हूँ। अमृतवेले का आनंद नहीं ले पाती और गिल्ट होती है। योग में अशरीरी अवस्था का अनुभव कैसे करें? कैसे पहचानें कि हम उस अवस्था में पहुँच चुके हैं, उसके लक्षण क्या हैं?
- पाचन शक्ति कैसे बढ़ाएँ? कौन-कौन से हाई फ़ाइबर फल और सब्जियाँ हैं?

तो ये आज के प्रश्न। इन प्रश्नों के सभी उत्तर, दो और तीन तारीख को विस्तार से दिए जाएँगे।

कल हमने पाँच बातें देखी थी :-

- माइक्रो मोमेंट अवेयरनेस अर्थात् संकल्प और क्रिया के बीच जो एक सेकंड है, एक अंतराल है, उसमें थोड़ी देर के लिए रुक जाओ।
- डिजिटल फ़ास्टिंग, सेंसरी फ़ास्टिंग जो कंटीन्यूअस कंटेंट आ रहा है उसको थोड़ी देर के लिए रोक दिया जाए।
- इमोशनल ट्रांसम्यूटेशन, दबाना नहीं है, रोने की इच्छा हो रही है तो अच्छी तरह से रो लो या प्रार्थना या लिखकर खाली करो।
- अपने वातावरण को ही बदल दो। जो लत जिस वातावरण में जन्मी है, फली-फूली है, बड़ी

हुई है, उसको उसी वातावरण में नष्ट करना बड़ा कठिन है, इसके लिए वातावरण बदल दो, कमरा बदल दो, घर बदल दो, गाँव बदल दो, हो सके तो देश भी बदल दो।

- अनुग्रह बाबा का, उस परम सत्ता का आह्वान। जैसे कल कहा था कि हमें ऐसा अनुभव हो कि हम कोई बड़ी चीज़ से जुड़ रहे हैं। मुरली से जुड़ते हुए भी यह अनुभव हो कि मुरली जैसे बहुत बड़ा कुछ है जिससे मैं जुड़ रहा हूँ। यह कब समझ में आएगी पता नहीं, अभी तक जो भी समझ में आया है यह समझो वह ज़ीरो ही है, कुछ भी समझ नहीं आया। आज से, अब से थोड़ा-थोड़ा देखता हूँ, कुछ समझ में आता है क्या।

1. 5-मिनट डिफरल (5-मिनट का विराम)

जो भी लत होती है न, अवचेतन मन की एक आदत है उसे इंस्टेंट सेटिस्फैक्शन चाहिए, अभी के अभी तुरंत। अभी वासना आ जाएगी तुरंत उसको सेटिस्फैक्शन चाहिए। अभी भूख लगी, अभी के अभी खाने के लिए कुछ न कुछ चाहिए, अभी कुछ मिल जाए बस। वह तुरंत ढूँढ लेता है। कमरे में अगर पास रखा हो तो फटाफट खा लेगा। उसका एक स्वभाव है इंस्टेंट सेटिस्फैक्शन का। इंस्टेंट, 2 मिनिट्स, अभी के अभी। जब भी वासना जगे, लहर आए, अर्ज आए, स्टिमुलस हो, उसको कहना कि यह मैं पाँच मिनट के बाद करूँगा, अभी नहीं। उस पाँच मिनट में उसकी शक्ति क्षीण हो जाती है। करना तो है, पाप तो करना है, पाप का संकल्प आ चुका है, बस अभी करना है, तुरंत, अभी के अभी।

यह सारे प्रश्न पढ़कर समझ तो लिया होगा, पाप और पुण्य की परिभाषा। हर एक की पाप और पुण्य की परिभाषा अलग-अलग है। जिसकी लत है, एडिक्शन है जो बार-बार करने की इच्छा होती है, उसको क्या करना है, 5 मिनट अभी नहीं थोड़ी देर के बाद (आफ़्टर 5 मिनट्स)। उस पाँच मिनट में उसकी जो इंटेंसिटी है, उसकी जो तीव्रता है, जो हम शिद्दत से चाहते थे कि बस अभी के अभी मिल जाए, वह शांत हो जाता है, वह कमज़ोर हो जाती है। **मन हमारे साथ छल करता है, वह बहुत बड़ा राजनीतिज्ञ है, हमें भी उसके साथ कूटनीति से चलना पड़ेगा।** भोले-भाले बनकर चले तो ऐसे गबन करता है, धोखाधड़ी, इधर से उधर कर देता है सारा और हम देखते खड़े हो जाते हैं कि ये कैसे हो गया? बहुत शातिर है। इसके साथ भी, वह शिवाजी महाराज ने जो छुपके 'गनिमी कावा' किया था। इस मन के साथ भी थोड़ा कुछ ऐसे ही करना पड़ेगा, छुपके

आक्रमण। उसको अगर सीधा चैलेंज दिया, काम! तुम महाशत्रु हो, मैं तुम्हें मार दूँगा। अच्छा, हम्म..ठीक है तो वह गुप्त रीति से अटैक करता है। तो उसको क्या करना है? एक टेक्नीक क्या है, 5 मिनट।

किसी ने पूछा ना, ऊर्जा को ऊपर ले जाने की विधि क्या है? अंधेरे को तलवार से मार-मार के कमरे से बाहर नहीं निकाला जा सकता, इसके लिए दीये को जलाना होगा, दीया होश का। सबसे पहली विधि, 5 मिनट्स पोस्टपोन। उसको धकेल देना है, टालमटोल करना है, ठीक है अभी करता हूँ, पाँच मिनट, आ रहा हूँ, आ रहा हूँ, वेट-वेट, ठीक है, बहुत अच्छा विचार है, हे कामुक विचार बहुत ही अच्छे हो, रुको मैं आ रहा हूँ, थोड़ी देर तो रुको, ये काम करके आता ही हूँ, तब तक उसकी जो तीव्रता है वह कम हो जाएगी।

2. विज़ुअल रिपल्शन टेक्नीक (दृश्य-विरक्ति तकनीक)

रिपल्शन अर्थात घृणा। जो भी लत है उसके प्रति हमारे मन में एक सुंदर सा भाव है, एक सुंदर सी विज़ुअलाइज़ेशन है कि वह बहुत सुखद है, बहुत मीठा है। किसी के साथ गार्डन में हाथ पकड़ के घूम रहे हैं, दूसरे दिखते हैं, कपल घूम रहे हैं, हमें लगता है अरे वाह! ये कितने सुखी हैं, इनके जीवन में कितना प्यार है, गार्डन में घूम रहे हैं, हमारा जीवन भी ऐसा गार्डन-गार्डन कब होगा? हम एक बार उस अनादरा पॉइंट पर गए थे, उसको हनीमून पॉइंट भी बोलते हैं। बहुत सारे कपल्स थे तो दो कुमार, युवक कहो, वह मोटरसाइकिल से अंदर एक चक्कर लगा के आए। हम खड़े थे और वे कहने लगे, हे ख़ुदा! हमारे लिए भी कोई भेज, आखिर कब तक अकेला रहूँ? कहा ना, कोई साथी चाहिए, कोई सहारा चाहिए, कोई बात करने के लिए चाहिए जिससे एक-एक घंटा बात करें।

हम जब मुंबई में थे, हमारे साथ हमारी एज के एक डॉक्टर थे, वो कंटीन्यूअस फ़ोन पर ही रहते थे। बहुत ज़्यादा एक्सपर्ट थे परंतु ड्यूटी वे फ़ोन पर ही रहते थे और बात कुछ नहीं करते थे बस हम्म..हम्म...हम्म.. पर उनको आता बहुत ज़्यादा था। हमने जो सबसे ज़्यादा सीखा, इसी की वजह से सीखा क्योंकि वह बिज़ी रहते थे तो सब हमको करना पड़ता था। इधर पेशेंट को कार्डियक अरेस्ट हो जाता था आईसीयू में सिस्टर उनका हाथ पकड़ के लेकर आती थी, वो फ़ोन पे.. तो वह एक हाथ से फ़ोन और दूसरे हाथ से सीपीआर, हम्म..हम्म...हम्म.. और फिर हम आते थे

तो वह चले जाते थे। हम्म..हम्म... उसकी मम्मी तो हो नहीं सकती, न ही पिताजी, न भाई, न बहन।

यह टेक्नीक कहती है, जिसको हम बहुत सुंदर समझते हैं, उसके प्रति घृणित कल्पना करनी है। जैसे कोई स्मोकिंग का एडिक्ट है तो उसे देखना है कि स्मोकिंग की वजह से मेरे फेफड़े काले-काले हो गए हैं, कैंसर हो गया है। वह सारे चित्र लगा के रखने हैं कि इससे जीवन नष्ट हो रहा है। यह क्या करना है, विज़ुअलाइज़ करना है कि इस लत से यह हो रहा है। इसका क्या बनाना है? एक चित्र, कलरफुल चित्र देखना है कि ये सब हो रहा है। जिन्होंने भी लत छोड़ी है, हम रोज़ ओपीडी में हज़ारों पेशेंट्स देखते हैं जो पहले व्यसनी थे और अभी व्यसन छोड़ दिया, क्यों छोड़ा? एक महीने से छोड़ दिया, दो महीने से, छह महीने से, क्यों? कोई न कोई कारण बना, तबीयत ठीक नहीं रहती है, बच्चों ने कहा आप कब तक लोगे, पैसे खत्म हो गए, हर एक के छोड़ने के अपने-अपने कारण हैं। तो क्या करना है? एक विज़ुअलाइज़ेशन क्रिएट करनी है, कैसी? घृणा वाली, नफ़रत वाली, दुःख वाली, पीड़ा वाली, दर्द वाली कि इससे क्या होता है? नुकसान ही नुकसान है। लिखना नहीं है, सोचना नहीं है, विज़ुअलाइज़ करना है, पिक्चर क्रिएट करना है, क्योंकि जिससे हमारी लत है, उसके प्रति हमारे मन में एक भाव है कि इसमें बहुत सुख है, एक डोपामिन पूरा ऐसे बहने लगता है, आहा ..हा..हा...। यह सेकंड टेक्नीक।

3. एंकरिंग अवेयरनेस (जागरूकता का आधार - लंगर)

हम जिन स्थानों पर रहते हैं उन स्थानों के साथ जुड़ी हुई यादें होती हैं और उन्हीं स्थानों पर हमारा एडिक्शन बढ़ा हुआ है, उसी बेड पर वह एडिक्शन पनपा है। लंगर लगाना अर्थात् कोई निशान, जैसे देखा है हाथ में कई लोग कुछ बाँध लेते हैं, इस टाइप के निशान हों जो हमें याद दिलाएँ कि यह मैंने क्यों बनाया? बाबा इसको क्या कहते हैं? एक शब्द कहते हैं, क्या पहन लो? गाँठ बाँध लो और एक दूसरा शब्द मुरलियों में आता है ना, ताबीज़, मुलहरा और वो बाँध लो। कलावा हो तो ठीक है, गाँठ बाँध लो। एंकर, वह एंकर क्या हो सकता है? पहला, एक पत्थर ले लिया, जेब में रख दिया तो वह हो गया टच, उसको टच करना। जब भी वासना ने अटैक किया, उसको टच करो और वह याद आएगा यह मैंने क्यों रखा है। हाँ तो यह किसलिए लगाया? या कोई सुगंध, कड़ा, ये बाँध लो। कुछ तो बाँध लो, कहते हैं न बाबा, हथियाला। तो ऐसा एक एंकर बनाना है, इसको कहते हैं '**एंकर ऑफ़ अवेयरनेस**'। एक लंगर, एक पॉइंट। वह पॉइंट हो सकता है,

पत्थर हो सकता है, टेक्टाइल हो सकता है, ऑडिटरी हो सकता है या फिर मोबाइल में एक-एक घंटे में अलार्म। जब भी वह अलार्म बजे तो हमें याद आए हमने यह क्यों लगाया। उस अलार्म को नाम भी दे सकते हैं, एक विशिष्ट, अलग ट्यून भी डाल सकते हैं कि ये ट्यून मैंने क्यों डाली? यह मेरा एडिक्शन है, इस एडिक्शन से निकलने के लिए मैंने ये डाली है। तो वह अपने आप याद आएगा। इसको कहते हैं एंकरिंग अवेयरनेस।

4. डोपामिन बेसलाइन रिसेट (डोपामिन के सामान्य स्तर को फिर से संतुलित करना)

यह कुमारों के लिए सबसे ज़्यादा आवश्यक है। हमारे मन को किसकी आदत हो गई है? सस्ते वाले सुख की। सस्ता जो बिना मेहनत के मिल जाए। रील्स, शॉर्ट्स, वीडियोज़, ये सब कैसे हैं? सस्ते आनंद हैं तो मन को एक नई आदत डालनी है जिसमें डोपामिन की रिसेटिंग हो अर्थात वह आदत जिसमें मेहनत के बाद सुख प्राप्त होता है। उदाहरण: लंबा चलना, लॉन्ग वॉक। इससे तुरंत आनंद नहीं मिलता, चलने के बाद ही आनंद प्राप्त होगा। डेढ़ घंटा-एक घंटा जिम किया उसके बाद ही आनंद प्राप्त होता है उसके पहले आनंद प्राप्त नहीं होता है। हफ़्ते में एक दिन डाइट में कोई चेंज हफ्ते में करके देखिए कि क्या होता है? कोई नई कला, जिस कला में बहुत धैर्य लगता है ऐसी कला। जैसे लेफ़्ट हैंड से लिखना, नॉन-डोमिनेंट हैंड से। अब इसमें अगर मास्टरी लानी है तो टाइम लगेगा, यह काम तुरंत नहीं होगा क्योंकि यहाँ हम सबकॉन्शियस माइंड पर काम कर रहे हैं, लिखना, हैंडराइटिंग द्वारा सीधा सबकॉन्शियस माइंड पर काम कर रहे हैं क्योंकि यह हमारे वश में ही नहीं है कि हम कैसे लिख रहे हैं।

नई कला, एक नई भाषा सीखना। जो हमारे उच्चारण हैं, उस उच्चारण को ठीक करना क्योंकि उच्चारण को ठीक करना इतना आसान नहीं है कि किसी ने बता दिया ये 'श' और 'स' है और हमने सीख लिया। वह ऐसे नहीं होने वाला है क्योंकि उसका संबंध तो अचेतन मन से है, वह तो बचपन में बीज डाला हुआ है, वह एक दिन में नहीं जाएगा। उसके लिए बहुत कॉन्शियस एफ़र्ट करने पड़ेंगे तब कहीं जाएगा। वह खाली इतना पता करने से नहीं हो जाएगा कि यह सही है, यह गलत है, क्योंकि गलत पर बहुत काम किया गया है, बड़ी लंबी मशक्कत के बाद यह परिणाम सामने आया है तो वह एक दिन में नहीं जाएगा, इसके लिए इतनी समझ काफी नहीं है कि यह गलत है, उसके लिए मेहनत चाहिए।

तो क्या करना है? इस स्थान पर कोई ऐसे कार्य करने हैं जिसमें मेहनत करने के बाद सुख मिलता है जैसे एक्सरसाइज़, ठंडे पानी से नहाना। हाँ, यह सबसे महत्वपूर्ण है। आज की क्लास का मुख्य बिंदु: गीज़र ऑफ़। यही समय है इस प्रैक्टिस को शुरू करने का। इसमें गीज़र से संबंध नहीं है, ये सबकॉन्शियस रिवायरिंग है कि ये मुझे नहीं चाहिए। अब ये नहीं चाहिए तो उसका फिर वेदर से कोई संबंध नहीं है। अभी से शुरू करो, जब शुरू करना बहुत आसान है फिर धीरे-धीरे जैसे ठंड बढ़ती जाएगी, तब तक मन में संकल्प दृढ़ हो जाएगा। फिर वह 0 डिग्री भी हो या माइनस डिग्री हो तो भी ठंडा। ठंडा अर्थात नॉर्मल टेंपरेचर। हमें उसको यूज़ ही नहीं करना है, हमेशा के लिए बंद। सिंपल, अगर नहीं निकाल सकते क्योंकि शेयरर्ड रूम्स हैं, ठंडा पानी का ऑप्शन तो है ही हमेशा परंतु वह खाली ठंडा यूज़ करने से नहीं होगा, **अगर आपने सबकॉन्शियस माइंड की रिवायरिंग नहीं की, अफ्फर्मेशन्स, स्वमान क्रिएट नहीं किए तो वह केवल कुछ दिन चलेगा, बाद में उसी पर आ जाएँगे क्योंकि उसके अपने संस्कार रिकॉर्डेड हैं, उसके अपने संस्कार पहले से बने हुए हैं तो वह उस समय अपने आप काम करेंगे।** इसके लिए अभी जो कर रहे हैं वह अभी के लिए कर ही नहीं रहे हैं, अभी करते समय सोचो कि टेंपरेचर 0 डिग्री है। तो यह हम क्या कर रहे हैं?

एक अर्जित सुख और एक है सस्ता सुख, दो प्रकार के सुख हैं। एक है चीप प्लेज़र, एक है अर्न्ड प्लेज़र। चीप मतलब बहुत ही सस्ता चीप एंटरटेनमेंट, मोबाइल ऑन करो, टीवी ऑन करो, कॉमेडी शोज़ चल रहे हैं, हाहाहाहाहा। ये है चीप प्लेज़र्स। अर्न्ड प्लेज़र अर्थात उसके लिए मेहनत करनी है। यहाँ डोपामिन की रिसेटिंग होती है। यहाँ मन को एक प्रशिक्षण मिलता है कि पूरी की पूरी मुरली बैठ के पढ़ो, जब तक पूरी हो नहीं जाती मैं उठूँगा नहीं, बीच में मोबाइल देखूँगा नहीं। मोबाइल बाजू में रखा और ये पूरी मुरली मुझे पढ़नी है। पढ़नी नहीं है, फ़र्स्ट रीडिंग करनी है फिर सेकंड रीडिंग में इंपॉर्टेंट लाइन अंडरलाइन करनी है, थर्ड रीडिंग में उसको दूसरी जगह नोट करना है और यह तीन काम होने के बाद मैं उठूँगा। यह सब क्या है, मेहनत। मन तो कहता है नहीं ना..ना..ना...यह क्या है? बिल्कुल उसका विद्रोह करता है, रेज़िस्ट करता है, ये सब उसको चाहिए ही नहीं। एआई में डाल दो, इस मुरली से 10 इंपॉर्टेंट पॉइंट्स निकाल दो, वो तुरंत दे देता है। उसमें ऑडियो भी है। ऑडियो भी सुन लिया, रिकॉर्डिंग भी कर लिया, दूसरे मोबाइल से रिकॉर्डिंग को सुन लिया। ये बहुत ही सस्ता है। कितने सारे पॉडकास्ट हैं। मुरली पर पॉडकास्ट हैं। ये सब रेडीमेड

हैं। खुद तैयार करो तो डोपामिन रिसेट होगी। इसमें थोड़ी मेहनत है।

5. सेशन विटनेसिंग (साक्षी भाव अभ्यास)

जब पाप करने की इच्छा हो तो पाप करो परंतु जागरूक होकर पाप करो। सजग होकर गलत कार्य करो, अगर गलत कार्य को रोक ही नहीं सकते तो सजग होकर गलत कार्य करो। यदि कोई एक व्यक्ति कुछ खाने वाला है और उसको कुछ खाने की इच्छा हो गई, वह चीज़ ज़रूर खाओ, पर कैसे खाओ? पूर्ण सजगता के साथ। पाप करते समय पूर्ण सजगता हो तो धीरे-धीरे... क्योंकि हम पाप करते हैं, गलत काम करते हैं तो हमारे मन में क्या आता है? गिल्ट आता है, अपराध भाव। यह गिल्ट उस अवचेतन का भोजन है जो हमें उसी पाप कर्म से बाँध के रखता है। **गिल्ट क्या है? गिल्ट इज़ द फ़ूड ऑफ़ सबकॉन्शियस माइंड जो हमें बाँध के रखता है।** इसके लिए यदि बिल्कुल रोक ही नहीं सकते, अगर हो ही रहा है तो वहाँ पर क्या करना है? पूर्ण होश के साथ। जैसे खाने की बात, किसी ने सोचा मैं यह खाऊँगा और आज यह है तो उसे धीरे-धीरे होश के साथ खाओ। तो जैसे ही होश आएगा, एक दिन सबकॉन्शियस माइंड उसे सदा के लिए रिजेक्ट लिस्ट में डाल देगा। इसकी फिलॉसोफी को समझना है, **सबकॉन्शियस माइंड कब रिजेक्ट करता है? जब संपूर्ण होश में हम पाप कर रहे हैं, विकर्म कर रहे हैं, वह गलत कार्य कर रहे हैं, वह खा रहे हैं जो हमें खाना नहीं है परंतु कैसे खा रहे हैं? कंप्लीट होश के साथ।**

एक चोर था, बहुत चोरी करता था। एक बार ऐसे ही चोरी करते-करते बैठ गया, कोई प्रवचन चल रहा था, वह वहाँ बैठ गया। स्वामी जी बहुत अच्छे लगे, उनके पास गया और कहा कि मैं चोरी करता हूँ, आपको इसके बारे में क्या कहना है? उन्होंने कहा, करो, अच्छी बात है। वह तो हैरान रह गया क्योंकि आज तक जितने योगियों, तपस्वियों और ज्ञानियों से मिला, उन्होंने तो पकड़ के कहा नहीं, महापाप। बंद! आज से बंद करो, यह बिल्कुल नहीं करना, तुम गलत करते हो। इन्होंने ऐसा बोला ही नहीं, उन्होंने कहा, हाँ करते रहो। करते रहूँ? हाँ, करते रहो और कुछ? और कुछ नहीं, बस जब चोरी कर रहे हो तो मुझे याद कर लेना बस। हाँ, ठीक है। वो उसी रात चोरी करने गया, चोरी करते समय एकदम गुरु जी की आँखें घूरती हुई दिखाई दीं फिर भी ज़बरदस्ती उसने चोरी की। पहली बार ज़बरदस्ती चोरी की। दूसरी रात फिर गया, अब इच्छा नहीं हो रही है, उसकी आँखें दिख रही हैं कि कोई मुझे देख रहा है। तीसरे दिन छोड़ ही दिया। अगर उस

गुरु ने कहा होता यह बहुत खराब है, बंद करो, नहीं होता क्योंकि अवचेतन में हम संकल्प दे रहे हैं यह नहीं करना है और यह कहते ही वह ज़ोर लगा के उसको ही करता है। तुमको यह नहीं करना है, यह बहुत खराब है। तो कैसे करना है उसको? पूर्ण सजगता के साथ और धीरे-धीरे धैर्य से फिर वह हमेशा-हमेशा के लिए रिजेक्ट लिस्ट में चला जाएगा। अगर एक बार में नहीं जाएगा तो दूसरी बार में तो ज़रूर जाएगा।

तो आज के ये पाँच हैक्स हैं :

- सबसे पहला, क्या करना है, उसको पोस्टपोन करना है। उसको बोलना, ठीक है मैं आता हूँ, कोई स्थूल कार्य करने लग जाओ, पानी भरो, कुछ तो करो, इधर से उधर करो, कहीं जाके आ जाओ, ठीक है ठीक है मैं आ रहा हूँ, बस पाँच मिनट में, चक्कर लगा के आ जाओ।

- दूसरा क्या करना है, जिसको हम बहुत सुंदर समझते हैं, कल्पना में उसको क्या देखना है? गंदगी का ढ़ेर। उससे मेरा नुकसान ही नुकसान हुआ। एक माली है, पूरा महीना भर काम करता है, सारे फूलों को सजाता है, पानी देता है, ये करता है वो करता है, महीने के अंत में सारे फूलों को एकत्र करता है, उनका रस निकालता है और रस निकाल के नाली में डाल देता है, ये बुद्धिमान माली के लक्षण हैं या महामूर्ख के? इस शरीर में भी ऐसी ही ऊर्जा उत्पन्न हो रही है, वाइटल एनर्जी, वीर्य रस। एक क्षणिक सुख के लिए उसको बहा देना, यह मूर्खता है या फिर बुद्धिमानी? रिपल्शन अर्थात घृणा, नफ़रत। उसको घृणित भाव से देखना है, जिसके प्रति हम कहते थे सौंदर्य, सौंदर्य कभी था ही नहीं। जिस देह को हम समझते हैं इतना सुंदर है। वाह.. वाह.. वाह.. तुम्हारे होंठ कितने सुंदर है पर ये जब पायरिया हो जाता है ना तो इसी से क्या बहता है? पायरिया, दांत का इन्फ़ेक्शन,मुख से दुर्गंध आती है, बदबू आती है। तुम्हारी आँखें, तुम्हारे कान, चौदहवीं का चांद हो या आफ़ताब हो, आफ़ताब पता है.. सूरज को आफ़ताब कहते हैं। आफ़ताब या आपदा या आफ़त।

- अगला है एंकरिंग। एंकरिंग में कोई एक छोटा-सा एक पत्थर या पॉइंट या कोई आवाज़ या कोई सुगंध जितने सेंसेस हैं उनके अनुसार।

- फिर है डोपामिन, ऐसे काम करो जिसमें मेहनत लगती है। मेहनत के बाद जो सुख अर्जित होता है, वह सुख कमाना है। एक्सरसाइज़ करो, जिम करो, रनिंग करो, जॉगिंग करो,

साइकिलिंग करो, लॉन्ग साइकिलिंग, लॉन्ग जॉगिंग, लॉन्ग वॉक जिसमें मेहनत के बाद अर्जित होता है। तो शरीर को, मन को उसकी आदत पड़ जाएगी कि ये करने के बाद सुख मिलता है। अभी जो सुख मिल रहा है बड़ा सस्ता वाला है चीप, चीप एंटरटेनमेंट, जो चाहिए वो तुरंत क्लिक करो। ये आदत पड़ गई है।

- अगला है लास्ट विटनेसिंग। 24 घंटे में 5 मिनट, 10 मिनट ऐसे आते हैं जहाँ चेतना एकदम कमज़ोर होती है। वहाँ कुछ काम नहीं करता है। वहाँ बस पाप ही करने की इच्छा होती है। वो विकर्म करने की इच्छा होती है और बहुत मोटिवेशन मिलता है कि वह विकर्म करूँ। अंदर से कोई कह रहा है - यह तुमने आज दिन भर नहीं किया, कब करोगे, पूरा दिन जा रहा है, वो सुख कब मिलेगा? तो उस सुख को कैसे लेना है? बड़ी सजगता के साथ, होश के साथ। तो उसकी इंटेंसिटी अपने आप कम हो जाएगी।

तो ये थे आज के पाँच नए हैक्स, उपाय, विधियाँ, शॉर्टकट्स।

Notes :

आज का होमवर्क

1 । 5-मिनट डिफरल (5-मिनट का विराम)

उस 5 मिनट के अंतराल में छोटे-छोटे शारीरिक कार्य करें :

- कमरे की सफाई करना, कपड़े तह करना या इस्त्री करना, अगले दिन की तैयारी करना।

2 । विज़ुअल रिपल्शन टेक्नीक (दृश्य-विरक्ति तकनीक)

मानसिक चित्रण का अभ्यास करें :

- कल्पना करें कि जंक फूड (जैसे समोसा) खाने से हृदय की नसों में रुकावट हो रही है और इससे हृदयाघात जैसी पीड़ा उत्पन्न हो रही है।

3 । एंकरिंग अवेयरनेस (जागरूकता का आधार - लंगर)

सुलेख पोस्टर — जागरूकता का आधार (एंकरिंग अवेयरनेस) :

- मैं एक निराकार, निर्विकारी और निरहंकारी बाप-समान आत्मा हूँ।
- हर आत्मा परमात्मा समान दिव्य स्वरूप है।
- यह भौतिक संसार एक कल्याणकारी ड्रामा है और हर दृश्य परफेक्ट है।

4 । डोपामिन बेसलाइन रिसेट (डोपामिन के सामान्य स्तर को फिर से संतुलित करना)

- सुबह की धूप / प्रकृति में 1 घंटे का वॉक करें।
- आज से 1 सप्ताह तक ठंडे पानी से स्नान करने का अभ्यास करें।

5 । सेशन विटनेसिंग (साक्षी भाव अभ्यास)

- कार्य शुरू करने से पहले और कार्य समाप्त करने से पहले 5 मिनट स्वयं को साक्षी (द्रष्टा) बनकर देखने का अभ्यास करें।

DAY 5

चल निडर हो, ओ अग्निवीर,अग्निपथ ही तेरी तक़दीर।
हर श्वास में बस एक ही पुकार—मैं अग्निवीर...मैं अग्निवीर...

ठक्कर बप्पा को हरिजनों के पिता, "द फ़ादर ऑफ़ हरिजंस" कहा जाता था। वे महात्मा गांधी को फॉलो करने वाले, उनके निकट के अनुयायी थे जिन्होंने भारत के गाँव-गाँव में घूमकर संविधान बनाते समय बड़ा योगदान दिया। हरिजनों के लिए, आदिवासियों के लिए, उन्होंने बहुत कार्य किया। वे थे अमृत लाल ठक्कर, उन्हें गांधी जी ने नाम दिया था "बप्पा ठक्कर"। वो प्रवचन देने के लिए ट्रेन से मुंबई जा रहे थे। ट्रेन का थर्ड क्लास कंपार्टमेंट था और लोगों की भीड़ थी। बैठने को ज़रा भी जगह नहीं थी और उसी ट्रेन में एक हट्टा-कट्टा व्यक्ति पूरी एक बर्थ पर पैर पसारे हुए, पूरी जगह लेकर बैठा था और अख़बार पढ़ रहा था। बप्पा ठक्कर ने उनसे अनुरोध किया कि यदि आप मुझे थोड़ी देर बैठने दें तो अच्छा होगा। यहाँ पर जगह है और दो-तीन लोग और बैठ जाएँगे। उस व्यक्ति ने घृणात्मक भाव से कहा, चुपचाप खड़े रहो, नहीं तो एक लात दूँगा। थोड़ी देर बाद वह व्यक्ति अख़बार पढ़ते हुए अपने बाजू के एक व्यक्ति से कहता है, मैं मुंबई जा रहा हूँ। वहाँ पर बप्पा ठक्कर जी का प्रवचन है और वे बहुत अच्छी शिक्षा देते हैं। मेरे लिए तो वे सद्गुरु ही हैं। कहानी यहीं पूरी हुई।

जिस व्यक्ति का वह प्रवचन सुनने जा रहा है, उसी व्यक्ति का दूसरी तरफ अपमान भी कर रहा है और उसे पता ही नहीं कि यह वही व्यक्ति है। उस व्यक्ति के पास दो ऑप्शंस थे- एक जगह देना, दूसरा अपमान करना। उसने दूसरा ऑप्शन चुना- अपमान करना। आगे क्या हुआ, पता नहीं। जब वह वास्तव में गया होगा, बैठा होगा और देखा होगा कि मंच पर उसी व्यक्ति का प्रवचन सुनने जा रहा हूँ, जिसका मैंने ट्रेन में बुरी तरह से अपमान किया था, तब उसे क्या महसूस हुआ होगा, वह खुद ही जाने।

हर जगह ऑप्शंस होते हैं- ऑप्शन A, ऑप्शन B। हम कौन-सा चुनते हैं, वो हमारे ऊपर है। हम चुनौती भरा मार्ग चुनते हैं या सुविधाजनक मार्ग चुनते हैं? जिसमें भीड़ चल रही है, वह मार्ग हम चुनते हैं या जिस पर कोई नहीं ऐसा मार्ग हम चुनते हैं। हम सुखों का मार्ग चुनते हैं या

दु:खों का चुनते हैं- यह हम पर है। यदि उस व्यक्ति को पता होता कि यही बप्पा ठक्कर हैं तो क्या वह ऐसा करता? और क्या यह आवश्यक है कि जो व्यक्ति हमारे आसपास हैं, उन्हें हम जानते है या जानें ही? क्या यह संभव नहीं है कि जो आज बहुत साधारण दिख रहे हैं, वो आगे चलकर असाधारण हो जाए, महान हो जाए? जो हमारे यहाँ नौकर बनकर काम कर रहा है, हो सकता है वही आगे चलकर किसी बहुत बड़ी कंपनी का मालिक बन जाए, जिसमें हम एक छोटे से क्लर्क हों। ऑप्शंस.. किस मार्ग को हमने चुना है?

Two roads diverged in a wood, and I - I took the one less traveled by,
And that has made all the difference.

अंग्रेज़ी कवि लिखता है- दो मार्ग थे और मैंने वह चुना, जिस पर बहुत कम लोग चलते हैं और बस, यही अंतर है।

यह लाइनें कहाँ लिखी थीं, पता है? माउंट आबू का जो चौराहा है, पोस्ट ऑफ़िस के सामने, वहाँ पर ये चार लाइनें लिखी थीं। लंबे समय तक लिखी थीं, अभी मिट गई हैं। अभी उसको पेंट कर दिया गया है।

काँटे रौंदूँगा, अपनी राह बनाऊँगा, तुम फूलों भरी डगर की बातें किया करो।
मैं गोताखोर, मुझे गहरे जाना होगा, तुम तट पर बैठ भँवर की बातें किया करो।
मैं पहला खोजी नहीं अगम भवसागर का, मुझसे पहले कितनों ने इसको जाना था,
पर मुझमें उनमें भेद यही, काँटे रौंदूँगा, अपनी राह बनाऊँगा,
तुम फूलों भरी डगर की बातें किया करो।

पथ पर तो सब चलते हैं, चलना पड़ता है, पर मेरा पथ नया है।
चढ़कर गिरना, गिरकर चढ़ना, न अखरता है।
नन्हीं चींटी दाना लेकर चलती है, चढ़ती दीवारों पर, सौ बार फिसलती है।
चढ़कर गिरना और गिरकर चढ़ना, न अखरता,
आखिर उसकी मेहनत बेकार नहीं जाती।

कोशिश करने वालों की हार नहीं होती।
चल निडर हो, ओ अग्निवीर, अग्निपथ ही तेरी तक़दीर।
हर श्वास में बस एक ही पुकार, मैं अग्निवीर, अग्निपथ, अग्निपथ।

जलता रहे यह अंतरपथ, हर श्वास बने तप की लकीर। मैं अग्निवीर...
न रुकना है, न झुकना है, बस आगे ही बढ़ना है।
सत्य ज्योति का बनकर वीर, मैं अग्निवीर।
यह गुप्त साधना का है पथ, हर श्वास यहाँ अग्नि की कसौटी,
कभी तपस्या, कभी संघर्ष, तो कभी आत्मा की मौन ज्योति।
अग्निपथ पर कदम बढ़ाना है, भय और मोह सब त्याग जाना है।
काँटे चुभें या आँधियाँ उठें, सत्य की इस ज्योति को हर दिल में जगाना है।
यह योग-अग्नि नहीं केवल जलाती, शुद्ध करती हर कण-कण,
जो भीतर के अंधकार को मिटा दे, है यही अग्निपथ का अमरपन।
यह अग्नि करती वासनाओं को भस्म, यह अग्नि करती अहंकार का अंत।
जो इस मार्ग पर चलता दृढ़ता से, वह पा लेता परमात्मा का तत्त्व।
अग्निपथ, अग्निपथ, अग्निपथ।

एक बहुत सफल और समृद्ध किसान को मिलने के लिए एक पत्रकार आता है। यह किसान बहुत अमीर है, उसका बहुत नाम है और सब कहते हैं उसने इस मुक़ाम तक पहुँचने के लिए बहुत मेहनत की। वह पत्रकार उससे पूछता है कि वह क्या कारण है, जिसकी वजह से आप इतने सफल हुए? किसान तो बहुत हैं, पर वह कौन-सा कारण है या वह कौन-से कारण बने, जिसकी वजह से आप इतने आगे निकल गए? वह किसान कहता है, इससे पहले कि मैं आपके प्रश्न का उत्तर दूँ, हम थोड़ा बैठ जाते हैं और यह जो दिया जल रहा है, जो बाती जल रही है, इसको बुझा सकते हैं। कहानी पूरी हुई।

जिसने पैसे कमाए हैं, उसे उन पैसों की वैल्यू है, यही रहस्य है। लाइट अनावश्यक वेस्ट हो रही है, वह उसी के घर में आया है ना। वह क्या कहता है? हम तब तक लाइट बंद कर देते हैं, लाइट की आवश्यकता नहीं, प्रकाश है। जिसने कमाया है, वही उसका महत्व जानता है, जिसने कमाया ही नहीं, उसे उसका महत्व भी नहीं है। जिसने पुरुषार्थ अर्जित किया है, जिसने अमृतवेला को, नींद को, आलस्य को, अपनी जिह्वा के रस को, स्वाद को, संवेदनाओं को, विकार को और वासनाओं को जीता है और जो ब्रह्मचर्य में प्रतिष्ठित है, वही उस ब्रह्मचर्य की एक-एक बूँद

का महत्व जानता है।

तो कल हमने पाँच बातें देखी थीं :-

- **5 मिनट नियम** - उसको पोस्टपोन करो। कितनी देर के लिए? 5 मिनट। ज़्यादा नहीं, केवल पाँच मिनट। तो वह जो लत है, वह जो इच्छा है, वह जो विकार-विकर्म करने की ललक, वह तीव्रता जो अचानक उत्पन्न हो गई है, वह खो जाएगी क्योंकि वह एक सेंसेशन मात्र है। यह भी हमने एक हैक देखा था कि जो इच्छा है, वह केवल एक संवेदना है। उसको यह नाम ही न दो कि यह लत है, यह एडिक्शन है। यह केवल एक संवेदना है और संवेदना सुखद होती है या दु:खद होती है, असुखद या अदु:खद होती है बस।

- **रिपल्शन विज़ुअलाइज़ेशन** - जिस चीज़ को हम अत्यंत सुंदर समझते हैं और उसमें फँसे हुए हैं, उसको आर-पार देख लेना, उसकी गंदगी को देख लेना, उसमें से उठ रही सड़ांध को देख लेना वो नया विज़ुअलाइज़ेशन क्रिएट करना। उदाहरण दिया था जैसे कोई स्मोकर है, कोई तम्बाकू चबाने वाला है, वह देखे कि होंठ कैसे खराब हो जाते हैं, कैंसर हो जाता है और उसके बाद एक बड़ा ऑपरेशन होता है। इसको कहते हैं कमांडो सर्जरी। कमांडो सर्जरी जब ओ.टी. में होती है ना तो ओ.पी.डी. में वो डॉक्टर दिन भर नहीं मिलते क्योंकि वह कमांडो सर्जरी सुबह 8:00 बजे से लेकर शाम 5:00, 6:00, 7:00, कभी-कभी 8-10 घंटे तक चलती है। जहाँ यह सारा हिस्सा निकालकर, आपने देखा होगा, यहाँ का फ्लैप निकालकर यहाँ चिपकाते हैं।

  उस पेशेंट का मुँह आढ़ा-टेढ़ा हो जाता है और जीवन-भर भोजन के लिए नाक में नली रहती है, वह मुँह से नहीं खा सकता। तो जो गुटखा, खैनी, मिराज, पान पराग, ये सारे तंबाकू खाने वाले लोग, जो छोटी-सी पोटली रखते हैं, उन्हें यह देखना है कि यहाँ से ऐसे-ऐसे स्टिच होते हैं, यहाँ से चमड़ी निकालकर यहाँ चिपकाते हैं और वह ऐसे ही जीवन भर रहता है या फिर एक दूसरी कंडीशन है, सबम्यूकस फाइब्रोसिस। सबम्यूकस फाइब्रोसिस में मुँह पूरा नहीं खुलता। धीरे-धीरे, जो अभी इतना खुल रहा है, वह केवल इतना ही खुल पाता है। लंबे समय तक ऐसा ही रहता है फिर वे खा नहीं सकते, उन्हें स्ट्रॉ का उपयोग करना पड़ता है।

- **लंगर** - वो लंगर कुछ भी हो सकता है। वो पत्थर हो सकता है, वो काला धागा हो सकता है।

आजकल बी.के. भी बहुत बाँध रहे हैं, काले, पीले, नीले धागे। वो कहते हैं, इससे बीमारी ठीक होगी। अंगूठी, काले धागे, इधर-उधर एक मिला तो पक्का है कि दाएँ या बाएँ पैर में एक है, एक मिल ही जाता है और जैसे उनको बोलते हैं, तो उसको छिपाते हैं, अपनी बाहें से अंदर डाल देते हैं। एक बार देख लो ज़रा, है क्या बाजू वाले के? हो सकता है, अभी भी है। तो यहाँ जो बताया था, वह अलग है वो है एंकरिंग अर्थात कोई लंगर। जिसे बाबा कहते हैं – हथियाला बाँधना। कुछ बाँध के रखो जो याद दिलाता रहे, वो एंकर है।

- **डोपामिन रिसेट** - ऐसी कला सीखना है, जिसमें बड़ा धैर्य और ध्यान हो। फ़ॉर एग्ज़ाम्पल, भाषा। कोई हिंदी वाला है और उसको मलयालम सीखना है, अत्यंत धैर्य की आवश्यकता है। तेलुगु सीखनी है, इतना आसान नहीं है, बहुत धैर्य चाहिए और सीखना, सिर्फ बोलना नहीं लिखना, उसमें और अधिक धैर्य चाहिए। तो ये ऐसी कलाएँ सीखना।

- **विटनेसिंग सेशन** - उसमें दो बातें हैं। एक है सजगता से पाप करना। किसी ने उसका ऐसा अर्थ निकाला था, ऐसा नहीं है वो। विकर्म करने तो नहीं हैं, पर कर रहे हैं, अभी वह आदत है। जिस समय वह विकर्म हो रहा है उस समय सजगता को बढ़ाना है। संपूर्ण सजगता के साथ, चोर का उदाहरण दिया था तो फिर वह करना मुश्किल हो जाएगा और अपने आप रिजेक्ट लिस्ट में चला जाएगा। तो कल ये पाँच बातें देखी थीं।

आज की पाँच नई बातें-

1. थर्ड पर्सन नैरेशन (अन्य पुरुष वर्णन)

जैसे ही लत, एडिक्शन, पाप, विकर्म, आदत खींचे तो यह नहीं कहो कि मुझे खींच रही है। अपना नाम वहाँ बीच में लाओ, इसको यह हो रहा है। इससे थोड़ा अंतर डेवलप होगा, उसमें और मुझमें कि यह किसको हो रहा है? इसको हो रहा है, मुझे तो नहीं हो रहा है। थर्ड पर्सन में बात करना उस समय कि यह जो इच्छा है, यह जो आवेश है, यह जो उत्तेजना है, यह किसको हो रही है? एक तीसरे व्यक्ति को हो रही है, मुझे नहीं हो रही। अपना नाम उसमें डालना है। **थर्ड परसन नैरेशन, किसी भी चीज़ को ऐसे नैरेट करना, जैसे कोई तीसरा व्यक्ति हो।** यह एक बहुत अच्छा अभ्यास है और इसकी प्रैक्टिस लिखने से की जा सकती है। जैसे हम कोई कविता पढ़ते हैं तो

कहते हैं - 'कवि कहता है ।' कोई किताब हम पढ़ते हैं, तो कहते हैं, लेखक ने कहा है, वक्ता जी कह रहे हैं, प्रवक्ता ने कहा, नेताजी ने कहा, उन्होंने कहा, ऐसा कहते हैं ना? उसी तरह यह मुझे नहीं हो रहा है, किसको हो रहा है? बीच में अपना नाम डालना है, इसको यह हो रहा है तो हमारे और उसके बीच में एक अंतर, एक फ़ासला खड़ा हो जाएगा। इससे जो उसकी तीव्रता है लत की, वह उस समय कम हो जाएगी। यह सब इमरजेंसी मेज़र्स हैं, इमरजेंसी। तो इससे क्या होगा? एक डिस्टेंस क्रिएट होगा और डिस्टेंस क्रिएट होते ही उसकी इंटेंसिटी कम हो जाएगी।

2. प्ले टु द एंड टेक्नीक (अंत तक फ़िल्म देखना)

हमारा जो अवचेतन मन है, वह बहुत बेईमान फ़िल्म दिखाता है। वह केवल ट्रेलर दिखाता है, एक फ़िल्म दिखाता है और उसके ट्रेलर में सब कुछ बहुत ही अच्छा है। वह लास्ट का सीन दिखाता ही नहीं है। वह दिखाता है कि कितना सुखद है, कितना अच्छा है। पर इस फ़िल्म को लास्ट तक खींचकर ले जाना है। जैसे एक दारु पीने वाला है और उसको दारू पीने की इच्छा हुई तो उसको कितनी खुशी मिल रही है, वह सारा दिखता है अब उस फ़िल्म को लास्ट तक खींच के लेकर जाना है। लास्ट में हो रहे पश्चाताप, ग्लानि, घर में झगड़े, संबंधों में तनाव, पैसों की बर्बादी और उससे होने वाला अध्यात्म का नुकसान, वह जो ब्रह्मचर्य तोड़ा.. उस फिल्म को अवचेतन खाली यहीं तक दिखाता है कि उसमें बहुत सुख है। पर हमें इस फ़िल्म को कहाँ तक ले जाना है? हमें क्या करना है? हमें इस फ़िल्म को आगे तक खींचना है। उसको आगे ले जाओ, पूरी फ़िल्म दिखाओ। फ़ास्ट-फॉरवर्ड करके भी दिखा सकते हैं, लेकिन अवचेतन मन ऐसा करना नहीं चाहता। वह केवल वही सीन दिखाना चाहता है, जो सुखद है। आगे के सीन में क्या है? **पश्चाताप, खालीपन, दर्द, ग्लानि, गिल्ट कॉन्शियसनेस, टाइम वेस्ट, एनर्जी वेस्ट, व्यर्थ संकल्प और व्यर्थ समय, ये दोनों ही ऊर्जा के चोर हैं।**

तो क्या करना है? पूरी फ़िल्म दिखानी है, कम्प्लीट फ़िल्म। उसको खींच के लेकर जाना है। जो हम आँखें बंद करके विज़ुअलाइज़ करते हैं। कल भी किसी ने प्रश्न पूछा था, सेंसुअल फैंटेसीज़ (कामुक कल्पनाएँ)। उन कामुक कल्पनाओं में जो सुखद-सुखद है हम वहीं तक देखते हैं। उसको थोड़ा खींचो, फ़िल्म को पूरा देखो। उस फ़िल्म को हम पूरा नहीं देखते। पूरा देख लिया तो घृणा उत्पन्न हो जाएगी। उस क्रिया, उस कर्म के प्रति, उस कल्पना के प्रति, उस संबंध के प्रति।

तो टेक्नीक क्या है? प्ले टु द एंड टेक्नीक, अंत तक फ़िल्म को देखना।

3. माइक्रो चॉइस स्टैक (सूक्ष्म विकल्प का ढेर)

जो भी आदत है, जो भी लत है, जो भी एडिक्शन है, वो एक विशाल पहाड़ कैसे बन गया? छोटे-छोटे संकल्पों से, छोटी-छोटी क्रियाओं से, छोटी-छोटी कल्पनाओं से, छोटे-छोटे फ़ोन कॉल से, छोटे-छोटे वीडियो कॉल से, छोटे-छोटे टेक्स्ट से, छोटे-छोटे चैट से, छोटे-छोटे मैसेजेस से। इतना बड़ा पर्वत एकदम ऐसे ही थोड़े ना खड़ा हो गया। वो धीरे-धीरे खड़ा हुआ है। इसके लिए यह टेक्नीक कहती है दो चीज़ें पहला- माइक्रो चॉइस। हमें अपने अवचेतन को यह दिखाना है कि इस शरीर का मालिक अभी भी मैं ही हूँ (आय एम स्टिल द बॉस) मतलब **जो क्रियाएँ अपने आप एडिक्शन की वजह से हो रही हैं, उन क्रियाओं का मालिक अभी भी मैं ही हूँ, मैं अभी हूँ, मैं अभी ज़िंदा हूँ, यह मत समझो कि मैं हार चुका हूँ।** मेरी हार हो गई और तुम ही बड़े हो। बाबा कहते हैं यह हाथ इधर रखना या उधर रखना है- मैं डिसाइड करूँगा। तो जैसे ही तलब उठे पहले तो पानी पी लो।

दूसरा- पुश-अप्स, एक्सरसाइज़। 10 पुश-अप्स करो, हार्ड पुश-अप्स या लॉन्ग वॉक। यह दो उदाहरण हैं। पर मुश्किल तब है जब आधी रात को.. तब कहाँ जाओगे? हर व्यक्ति को अपना उपाय खुद ढूँढ के रखना है और तब ढूँढना है जब वह तलब नहीं उठ रही है अर्थात अमृतवेले के समय। उस समय यह सब करने के सारे संकल्प तो सबकॉन्शियस में दबे हुए हैं, तब यह सब रहता ही नहीं है परंतु उनको कॉन्शियसली बाहर लाना है। कल हमने क्लास में एक लाइन कही थी और वो सबसे पावरफुल लाइन थी, पूरी मुरली का सार था।

That which is learned unconsciously should be unlearned consciously.
जो हमने बेहोशी में सीखा अब उसको होश में भूलना है, उसको अनलर्न करना है।

अनलर्न के लिए शब्द है - अनसीखा करना है। उसको अनलर्निंग करना है पर जो सीखा है वो बेहोशी में सीखा और अनलर्न होश में करना है। यह बड़ा काम है। ये है माइक्रो चॉइस। छोटी-छोटी चॉइसेस क्रिएट करके रखनी हैं। वो तलब उठते ही क्या किया जा सकता है जो आधी रात को उठ रही है। उस समय क्या किया जा सकता है - एक्सरसाइज़, वॉकिंग, पानी पीना और एक दूसरी साधना - पिलो (तकिये) को हटा दो। ज़रूरत ही नहीं है। पर कुछ लोग दो-दो तीन-तीन

लेते हैं। वो भी एक एडिक्शन ही है। उसको कम करते जाओ। इतना मोटा है तो उसे थोड़ा पतला करो और धीरे-धीरे ये होते हैं ना शॉल उसको फ़ोल्ड करके रख दो या फिर कोई बेडशीट और धीरे-धीरे हटा दो और उससे भी पावरफुल टेक्नीक, बिस्तर को ही हटा दो। ज़मीन, फ़्लोर.. ये जो है ना दरी, ये सबसे बेस्ट है। दरी बिछाओ और उसके ऊपर सो जाओ। सारे मसल-वसल दर्द जो होते रहते हैं,सारी स्पाइन की अलाइनमेंट हो जाएगी, सारा दर्द ठीक हो जाएगा; **हार्ड सरफ़ेस**।

पहला दिन करो तो बीच में आधी रात को उठ के इतना दर्द होगा कि सीधा बिस्तर पर जाओगे, अमृतवेला मिस होगा क्योंकि इतना दर्द हुआ, थकान हो गई। यह भी हो सकता है। इसलिए सोते समय की टेक्नीक्स, अलार्म लगा के, सेट करके ही नए प्रयोग करने हैं। ताकि बहुत बड़ी गड़बड़ ना हो जाए। इस पर साइंस का बहुत सारा रिसर्च हुआ है। बहुत सारी स्पाइन अलाइनमेंट, बैक प्रॉब्लम्स वैसे ही ठीक हो जाती हैं और जितना वो डनलप का होगा, मखमली होगा और जितना आरामदायक होगा, उतना ही अमृतवेले उठने की इच्छा नहीं होती। जितना ओढ़ते हैं ना, वो ओढ़ने वाला जितना ज़्यादा साइज़ का होता है, उतना ही सोने की और ज़्यादा इच्छा होती है क्योंकि बाहर का एटमॉस्फ़ियर ठंडा है और हमने अंदर गर्म एटमॉस्फ़ियर क्रिएट किया है तो मन गर्म से ठंडे में थोड़े ही ना आना चाहता है।

The mind prefers the path of least resistance. उसे कम से कम असुविधा चाहिए। उसे कोई झंझट नहीं चाहिए। बस आप वो सब बातें बताना, अच्छी-अच्छी वाली बातें। वो क्यों नहीं बताते हो स्वमान वाली और बाबा को याद करने वाली, योग वाली, बाप समान बनने वाली वो सब बताओ, यह सब झंझट वाली बातें नहीं बताना - इसमें बड़े खतरे हैं। ये हमको पसंद नहीं है। हमें वो बातें चाहिए जिसमें अच्छे से पुरुषार्थ हो, भरपेट तीन बार भोजन हो, चार बार टोली हो और अच्छा बैठ के योग भी हो और अच्छे-अच्छे स्वमान का अभ्यास हो, दृष्टि योग हो, विश्व को सकाश देना हो, बाबा से प्यार बढ़े, दादियों के अनुभव हो, बाबा के अनुभव हो, बीच में पिकनिक भी हो, सौगात भी हो, एक अच्छा वाला फ़ुल पैकेज.. ये सब करो। ये बाकी झंझट वाली बातें कहाँ से बीच में लाई हैं? मन को जो है उसको वही अच्छे से पसंद है। वह उससे बाहर नहीं निकलना चाहता। वह विद्रोह करता है।

दो माइक्रो चॉइस, यह करके देखो। एक दिन ज़मीन पर केवल एक दरी पर सोकर देखो। मन को परिवर्तन एकदम पसंद नहीं है। ठीक है, उसी बिस्तर को नीचे डाल के देख लो। दूसरा तकिया थोड़ा पतला करके देखो। ओढ़ने वाला, जो इतना मोटा है उसको कम कम करो, एक चादर पर आ जाओ और वो अभी करना है, मौसम अच्छा है ना तो वो फिर ठंड में भी चलेगा, पर ट्रेनिंग अंदर से हो। अभी से उसको क्रिएट कर देना है, एक कंडीशनिंग, एक रिवायरिंग फिर वो बाहर की परिस्थितियाँ ठंड हो, गर्मी हो, बारिश हो वो चेंज नहीं होगी तो ये एक चॉइस है।

4. वेगस नर्व एक्टिवेशन

हमारे शरीर में दो सिस्टम हैं। एक सिंपैथेटिक सिस्टम, एक पैरासिंपैथेटिक सिस्टम। सिंपैथेटिक सिस्टम अर्थात तनाव, पैरासिंपैथेटिक सिस्टम अर्थात शांत। वेगस नर्व पैरासिंपैथेटिक सिस्टम की नस है। जैसे ही इस वेगस नर्व को स्टिमुलेशन दिया जाता है तंत्रिका तंत्र नर्वस सिस्टम वेगस नर्व के स्टिमुलेशन से शांत हो जाता है। **वेगस नर्व को स्टिमुलेशन देने के लिए दो टेक्नीक हैं।** बहुत सारी टेक्नीक्स हैं पर जो दो कही जाती हैं - **पहली है कोल्ड शॉक थेरेपी, कोल्ड एक्सपोज़र। ठंडे-ठंडे पानी से नहाना। जैसे ही ठंडा पानी डालते हैं वो जो काम विकार की उत्तेजनाएँ हैं वो अपने आप कम हो जाती हैं।**

दूसरी टेक्नीक है 4-7-8 ब्रीथिंग। 4 सेकंड के लिए श्वास लेना। (1, 2, 3, 4) 7 सेकंड के लिए श्वास को रोक के रखना और फिर मुंह से उस श्वास को छोड़ना। (करेंगे सभी, 1 2 3 4 श्वास लेना। 1 2 3 4 5 6 7 श्वास रोकना। 1 2 3 4 5 6 7 8 मुंह से श्वास को आवाज़ के साथ छोड़ना) यह एक टेक्नीक है। दूसरी एक टेक्नीक है **हमिंग**। तीसरी टेक्नीक है ओम ध्वनि। ओम ध्वनि, हमिंग, हम्म करना, गुनगुनाना। हमिंग अर्थात गुनगुनाना, ओम ध्वनि करना। तो **ये जो ओम ध्वनि है इससे वेगस नर्व एक्टिवेशन होता है** और वेगस नर्व एक्टिवेट होते ही जो सेंसुअल रिफ्लेक्स है, जो सेक्सुअल रिफ्लेक्स है वो अबोर्ट हो जाएगा, ख़त्म हो जाएगा और इसकी प्रैक्टिस जब वो हो रहा है तब नहीं अगर रोज़ की हो जाए तो बहुत अच्छा।

फिर है **शंख ध्वनि**। हम अभी नीचे गए थे, एक भाई ने इतना बढ़िया शंख बजाया, 5 मिनट तक बजाया पूरा तीन-चार बार, कॉन्च मेडिटेशन। जो बहुत अच्छे से शंख बजा सकते हैं उससे उनकी लंग कैपेसिटी बढ़ती है। जो गायक होते हैं, एंकर होते हैं, वक्ता होते हैं वो सब ये

वॉइस कल्चर, वॉइस मॉड्यूलेशन, वॉइस प्रोजेक्शन पर बहुत काम करते हैं क्योंकि उनका तो सब कुछ वही है। जो लोग आवाज़ से पैसे कमाते हैं वो लोग केवल अपनी आवाज़ पर बहुत काम करते हैं। जो वॉइस आर्टिस्ट जो होते हैं, वॉइस ओवर आर्टिस्ट, जो एड्स सुनते हो आप रेलवे में एक दबाओ, दो दबाओ, तीन दबाओ और उसमें भी उनका जो सुबह का आवाज़ होता है उसकी सबसे ज़्यादा वैल्यू होती है। इसलिए जो डायरेक्टर्स होते हैं, जब वो वॉइस आर्टिस्ट के पास जाते हैं तो वॉइस आर्टिस्ट कहते हैं – हाँ, मेरी सुबह की आवाज़ के 1 मिनट के 20,000/- ऐसे चार्जेस होते हैं। 1 मिनट के 10,000/- और जो जितना ज़्यादा एडवांस होगा उसके उतने चार्जेस बढ़ते जाते हैं। 1 मिनट बोलने के 20,000/- अब वो डिपेंड करता है कितने मिनट की तुम्हारी ऐड है। कितने मिनट बोलना है। वह अपनी आवाज़ से पैसे कमाते हैं, पर आवाज़ पर काम भी तो करना होता है। बहुत ध्यान रखना होता है। ऐसे नहीं कि जाके कुछ भी खा लिया। पकोड़े बन गए तो पकोड़े खा लिए और उसके बाद में जाके गीत गाया, ऐसे नहीं होगा। वो तो बहुत-बहुत ध्यान रखते हैं क्योंकि उनकी आवाज़ उनका सोर्स ऑफ़ इनकम है।

तो यहाँ पर वेगस नर्व एक्टिवेशन में क्या-क्या बताया? एक तो कोल्ड वाटर एक्सपोज़र, कोल्ड इमर्शन, ठंडा पानी मुँह पर मारना। जब वासना उठे तो बर्फ़ वाला पानी। बर्फ़ का पानी.. अगर फ्रिज है तो उसका फ्रीज़र होता है ना उसमें हमेशा पानी रख के रखो, ठंडा वाला.. एकदम वो लेकर मुँह पर मारना है, इसको कहते हैं कोल्ड शॉक थेरेपी। ये जो अभी-अभी जलेबी खाने की रात को 2:00 बजे इच्छा हुई थी ना ख़त्म। मीठा-मीठा खाने की रात को 10:00 बजे जो इच्छा होती है ना ख़त्म। कुछ देखने की जो इच्छा होती है ना ख़त्म तो इसको कहते हैं वेगस नर्व एक्टिवेशन। इसमें बहुत सारी और भी टेक्नीक्स हैं। एक और टेक्नीक है **पैरों को मसाज करना**। ये जो है ना इसका मसाज और उससे भी अच्छा है बेयर फ़ुट वॉकिंग, ज़मीन पर चलो। कई लोग नीचे से पैरों का मसाज करते हैं। उससे भी वो वेगस नर्व एक्टिवेट होता है।

5. सैन्क्चुअरी विज़ुअलाइज़ेशन

अपने मन में एक ऐसा स्पॉट, एक ऐसा स्पेस, एक ऐसा अभ्यारण्य क्रिएट करके रखना है कि **मेरे भीतर एक ऐसी जगह है जहाँ पर लत का नाम निशान नहीं है। एक लत फ़्री, एडिक्शन फ़्री ज़ोन है और जब भी मैं वहाँ जाकर बैठता हूँ वहाँ पर लत के लिए, एडिक्शन के**

लिए, माया के लिए एक्सेस डिनाइड है, प्रवेश निषेध है। ट्रेस पासर्स नॉट अलाउड। कोई भी वहाँ पर घुसपैठ नहीं कर सकता। ऐसी एक सैन्क्चुअरी अपने ही भीतर क्रिएट करके रखनी है। तो जब-जब आक्रमण हो ध्यान में बैठ जाओ और भीतर चले जाओ कि मैं वहाँ जाकर बैठ गया हूँ और जब ना भी हो तब भी अभ्यास करना है ताकि इमरजेंसी में वो काम आए कि **एक ऐसा स्पेस मेरे भीतर है, एक ऐसा स्थान जहाँ कोई भूकंप नहीं, एक अकंप स्थान, भीतर एक अत्यंत पवित्र स्पॉट, जहाँ 100% नैसर्गिक ब्रह्मचर्य है।**

मेरे मन के अंदर एक ऐसा स्पॉट है, एक स्थान है, एक केंद्र है, एक जगह है, एक सैन्क्चुअरी है, एक ऐसा अभ्यारण्य है, जहाँ पर अलाउड ही नहीं है। वो मेरे अंदर मुझे क्रिएट करके रखना है ताकि इमरजेंसी में उस गर्भगृह में मैं प्रवेश कर सकूँ और बैठ जाऊँ। जैसे एक बंकर, वहाँ कोई नहीं आ सकता। वहाँ पर अग्नि की एक ऐसी लकीर है, एक सर्कल है और मैं उस सर्कल के भीतर हूँ।

तो आज की ये पाँच चीज़ें हैं -

- **थर्ड पर्सन** - जब भी अटैक हो तो थर्ड पर्सन के रूप में बात करना। जैसे थर्ड पर्सन बात कर रहा है।

- दूसरा जो ट्रेलर है ना उस **ट्रेलर को नहीं देखो।** क्या देखना है? **पूरी मूवी को देखो।** ट्रेलर देखते हैं इसलिए धोखा होता है। ट्रेलर बड़ा बेईमान है। लोग तो ट्रेलर देख कर मूवी देखने जाते हैं और फिर कहते हैं पैसे बर्बाद हो गए। ट्रेलर तो बहुत अच्छा दिखाया था, ये मूवी तो बकवास है। तो ये भी वैसा ही है। स्क्रीन होता है ना बहुत अच्छा पोस्टर, वॉलपेपर, थंबनेल जो भी कहो, पर अंदर खाली.. कुछ नहीं।

- **तीसरा है माइक्रो चॉइस स्टैक** - मैं अभी भी अपने शरीर का मालिक हूँ। वह आदत कहती है कि तुम पराजित हो गए, मैं तुमसे अधिक शक्तिशाली हूँ। हमें उस आदत को वापस बताना है कि अभी भी मालिक मैं ही हूँ। इस घर का मालिक मैं ही हूँ। भले तुमने पूरा कमरा ऑक्यूपाय करके रखा है पर मालिक अभी ज़िंदा है। माइक्रो चॉइस स्टैक तो इसमें या तो पानी पी लेना या तो एक्सरसाइज़ कर लेना या वॉक कर लेना कुछ तो करना है।

- **वेगस नर्व स्टिमुलेशन** - ये जो वेगस नर्व है इसको इन सब टेक्नीक से स्टिमुलेट कर देना जिससे कि पैरासिंपैथेटिक सिस्टम एक्टिवेट हो जाए और शांति आ जाए।
- लास्ट में **एक स्पॉट जहाँ स्वयं को केंद्रित करना है।**

ओम शांति। **आज के प्रश्न हैं:**

✦ जीवन में लंबे समय तक अकेलापन रहा जिसके कारण एडल्ट मूवीज़ देखने की आदत बनी और दृष्टि, वृत्ति मलिन हो गई। ज्ञान में आने के बाद भी शरीर, रूप-रंग आदि की ओर आकर्षण होता है और स्थिति डाउन हो जाती है। हालांकि अंदर एक विश्वास है कि विषय विकारों पर जीत निश्चित है। इस स्थिति को स्थिर कैसे करें?

✦ मैं कुमारी हूँ, जॉब करती हूँ। मेरी माँ को शुगर की समस्या है। मैं फ्रूट डाइट पर हूँ। क्या फ्रूट डाइट से शुगर बढ़ सकती है? शुगर से बचाव और संतुलन कैसे रखें?

✦ **ये जो वेगस नर्व है ये हमारे डाइजेस्टिव सिस्टम को भी कंट्रोल करती है। जितना उसमें उत्तेजना वाला भोजन डालो उतना वेगस डाउन हो जाता है। जितना उसमें हल्का डालो, इंटरमिटेंट फ़ास्टिंग करो उतना वेगस नर्व एक्टिवेट होती है।** एक है स्वास्थ्य, दूसरा है आरोग्य और तीसरा है निरोग। ये तीन स्टेज हैं। जो पाताल में है वो है निरोग अर्थात रोग का ना होना बस यहीं तक। जो धरती पर है वह है आरोग्य। आरोग्य अर्थात कोई भी रोग नहीं है, कोई भी कमी नहीं है। कोई भी डेफिशिएंसी नहीं है। जो ऊपर है वह है स्वास्थ्य। स्वास्थ्य अर्थात् स्व में स्थित। यह तीनों अलग-अलग हैं। **स्वास्थ्य, आरोग्य और निरोग**। तो लोग इन तीनों को ही हेल्दी कहते हैं, परंतु अंतर है। सारे रिपोर्ट नॉर्मल आ गए, मुझे थकान नहीं लगती, भूख अच्छे से लगती है, सब कुछ अच्छा है, मैं तो एकदम स्वस्थ हूँ, यह नहीं है। यह उसकी परिभाषा नहीं है। परिभाषा बहुत ऊँची है।

✦ ऑफ़िस में काम करते समय अव्यक्त आवाज़ सुनाई देती है लेकिन स्पष्ट समझ नहीं आता है, इसमें कितना ध्यान देना चाहिए।

✦ जिसे अव्यक्त आवाज़ कह रहे हो, हो सकता है कोई साइकेट्रिक बीमारी हो। एक बहन ने फ़ोन किया था कि मेरा बेटा है उसको बाबा की आवाज़ें सुनाई देती हैं और आपकी भी

आवाज़ सुनाई देती है। बताते समय उसको बहुत खुशी हुई। इनडायरेक्टली वह यह कहना चाहती थी कि मेरा पुत्र कोई दिव्य पुत्र है जिसने जन्म लिया है। शायद कोई एडवांस पार्टी की आत्मा है। यही उसका भाव था कि उसको ऐसे टचिंग्स हो रही हैं। हमने कहा, अर्जेंट साइकेट्रिक रेफरेंस। ये हेलुसिनेशंस हैं – ऑडिटरी और विज़ुअल हेलुसिनेशंस होते हैं। कुछ-कुछ सुनाई देता है या कुछ-कुछ दिखाई देता है। उसको सिज़ोफ्रेनिया डायग्नोस हुआ और फिर ट्रीटमेंट शुरू हुआ, अभी बहुत अच्छा है। जिसको हम भूत, प्रेत, बाधाएँ यह सब कहते हैं वह अधिकतर साइकेट्रिक प्रॉब्लम्स होती हैं, जिसको बी.के. ये भूत और ये सब डायग्नोस करते हैं। उसमें किसी आत्मा ने प्रवेश कर दिया।

- एक पेशेंट एडमिट थी, तो उसको कुछ-कुछ होते रहता था। उसके साथ जो सेवाधारी माता थी वो आकर के हमको कहती थी क्या है? क्या है? हमने बोला, ट्रीटमेंट चल रहा है। अभी क्या? बोली आत्मा का प्रवेश है। आपको समझ नहीं आ रहा है। फिर लास्ट में दो दिन आई। बोली तीन-तीन है। मैं रात में उसके पास सोती हूँ। तीन हैं तीन।
- बार-बार ग्रुप छोड़ने का संस्कार है। इसे कैसे बदलें? ग्रुप ज्वाइन करते हैं। भयंकर बातें सुनते हैं तो वैराग्य आता है। ग्रुप से आउट, क्लास में आना बंद। ये सब श्रीमत के खिलाफ़ है। ना ना ग्रुप से बाहर।
- मैं कुमार हूँ। अजनबी और बहनों के सामने नर्वस हो जाता हूँ। हाथ कांपने लगते हैं। स्टेज पर आत्मविश्वास कैसे बढ़ाएँ?
- मैं विद्यार्थी हूँ और वासना, मास्टरबेशन में गहराई से गिर चुका हूँ। क्या सुधार संभव है? कैसे बाहर निकलें?
- अत्यधिक संवेदनशीलता और सभी को खुश करने की आदत को कैसे ठीक करें?
- अधर कुमार होकर पुरुषार्थ कैसे करें?
- बहुत कर्ज़ा है जिससे मन डिस्टर्ब रहता है। इससे कैसे बाहर निकलें?
- रिलेशनशिप के कारण गिल्ट आता है। गिल्ट आता है और यह बात सेंटर में किसी को नहीं बताई। क्या इसे छिपाना बोझ है? कैसे हल करें?

- कॉन्संट्रेशन कैसे बढ़ाएँ?
- मेमोरी कैसे सुधारें?
- कम्युनिकेशन को बेहतर कैसे करें?
- बाहरी नकारात्मकता, नकारात्मक वाइब्रेशन से कैसे बचें?
- कर्म योगी कैसे बनें? थकान से बाहर कैसे निकलें?
- वर्क फ्रॉम होम वर्सेस बाहर काम - क्या बेहतर है?
- कमज़ोर परिस्थितियों में निर्णय कैसे लें?
- आलस्य से कैसे मुक्त हों?
- निश्चय है, लेकिन एक्सट्रीम आज्ञा सागर में कूद जाऊँ, तो मानने में डर क्यों लगता है?
- व्यापार में विरोध और निंदा से कैसे निपटें?
- 84 जन्मों में आत्मा की आवाज़ एक जैसी रहती है या बदलती है?
- फ्रूट डाइट पर हूँ लेकिन सेवा के दौरान भोजन मना नहीं कर पाता। स्वाद के कारण गिर जाता हूँ और गिल्ट होता है, कैसे स्थिर हों?
- गलत कार्य, सेक्सुअल फैंटेसी में डोपामिन क्यों रिलीज़ होता है?

  ये बड़ा अच्छा प्रश्न है। द्वापर से इस सृष्टि को बढ़ाने के लिए ये ज़रूरी था। नहीं तो यह शादियाँ-विधियाँ कुछ होती ही नहीं। यह सृष्टि बढ़ती ही नहीं। सतयुग में जितनी जनसंख्या थी उतनी ही रहती। इसमें अत्यधिक सुख दिया हुआ है। अत्याधिक डोपामिन डंपिंग हो जाता है इसलिए स्त्री पुरुष सब इसकी तरफ आकर्षित होते हैं।
- किसी आत्मा के साथ अट्रैक्शन और कार्मिक अकाउंट को कैसे समाप्त करें?
- भाव और भावनाओं की पहचान और परिवर्तन कैसे करें?
- अवचेतन मन को विस्तार से समझाएँ। क्या इस पर भट्ठी रख सकते हैं?
- स्थिति और अवस्था में क्या अंतर है?
- मुरली में युक्ति शब्द का स्पष्ट अर्थ क्या है? युक्ति अर्थात क्या? युक्ति अर्थात झूठ बोलना है

क्या? किसी के घर गए, उन्होंने कहा भोजन करो। हमने कहा हमारा पेट भरा हुआ है। तो क्या यह झूठ हुआ या युक्ति?

- ✦ ड्रामा इज़ ऑटोमेटिक का क्या अर्थ है?
- ✦ तुलना ना करने की शिक्षा और नंबरवार या रैंक की बात इन दोनों को कैसे समझें?

Notes :

आज का होमवर्क

1। थर्ड पर्सन नैरेशन (अन्य पुरुष वर्णन)

- ▸ ट्रिगर (विचार/भावना/तलब) आए → रुकें
- ▸ भीतर कहें: "यह व्यक्ति ऐसा महसूस कर रहा है... / जैसे- कुनाल चिड़चिड़ा हो रहा है..." (मैं का प्रयोग नहीं)
- ▸ दूरी बनेगी ➞ तीव्रता कम होगी ➞ नियंत्रण शुरू होगा।
- ▸ ऑब्जर्वर मोड = प्रतिक्रिया कम, जागरूकता अधिक
- ▸ दिन के अंत में पैटर्न देखें (तलब, क्रोध, डिस्ट्रैक्शन, अवॉइडन्स)
- ▸ ट्रुथ लाइन: "यह मन ऐसा कर रहा है — मैं इसे देख रहा हूँ।"

2 । प्ले टु द एंड टेक्नीक (अंत तक फ़िल्म देखना)

- ट्रिगर → रुकें
- पूरी फिल्म देखें: ट्रिगर → टकराव → क्रिया → प्रतिक्रिया → परिणाम
- अच्छा + बुरा दोनों परिणामों को अनुभव करें।
- इच्छा का अंत और प्रभाव स्पष्ट देखें।
- फिर रुकें → अंत याद करें → उसी अनुसार कार्य करें।
- आदत : "पहले अंत देखूंगा, फिर कार्य करूंगा।"

3 । माइक्रो चॉइस स्टैक (सूक्ष्म विकल्प का ढेर)

- आधार: "मैं मालिक हूँ"
- पहले से छोटे विकल्प तैयार रखें: पानी, पुशअप्स, वॉक, बाबा से बात, ध्यान
- ट्रिगर आए → प्रतिक्रिया नहीं → विकल्प लागू करें
- विकल्पों को जोड़ें: पानी → पुशअप्स → वॉक → मौन
- छोटे-छोटे सजग चुनाव → नया संस्कार बनाते हैं

4 । वेगस नर्व एक्टिवेशन (वेगस नर्व सक्रियता)

- श्वास तकनीकों को सीखें और समझें
- अभ्यास: 4-7-8 ब्रीदिंग, बॉक्स ब्रीदिंग, डीप ब्रीदिंग, हमिंग, ओम
- शारीरिक अभ्यास: शंख, नंगे पैर चलना, मसाज
- परिणाम: मन शांत, तनाव कम, भावनात्मक नियंत्रण बढ़ता है

5 । सैन्क्चुअरी विज़ुअलाइज़ेशन

- अपना एक आंतरिक पवित्र स्थान बनाएं (कमरा/मंदिर/शक्तिशाली स्मृति)
- आँख बंद करके वहाँ जाएँ → बाबा से कनेक्शन → वरदान व शक्तियाँ लें
- उस स्थान की ऊर्जा का अनुभव करें
- दिन में कई बार (1–2 मिनट) इसका प्रयोग करें
- यह तुरंत ऊर्जा देने वाला और स्थिरता का केंद्र बन जाता है।

DAY 6

अभी न होगा मेरा अंत,
अभी-अभी ही तो आया है
मेरे वन में मृदुल वसंत;
अभी न होगा मेरा अंत।

हरे-हरे ये पात,
डालियाँ, कलियाँ, कोमल गात!
मैं ही अपना स्वप्न-मृदुल-कर
फेरूँगा निद्रित कलियों पर,
जगा एक प्रत्युष मनोहर
पुष्प-पुष्प से तंद्रालस लालसा खींच लूँगा मैं,
अपने जीवन का अमृत सहर्ष सींच दूँगा मैं,
द्वार दिखा दूँगा फिर उनको,
हैं मेरे वे जहाँ अनंत
अभी न होगा मेरा अंत।

मेरे जीवन का यह है जब प्रथम चरण,
इसमें कहाँ मृत्यु? है जीवन ही जीवन
अभी पड़ा है आगे सारा यौवन,
स्वर्ण-किरण कल्लोलों पर बहता रे, बालक-मन।
मेरे ही अविकसित राग से
विकसित होगा बंधु, दिगंत;
अभी न होगा मेरा अंत।

कवि कह रहा है कि अभी तो शुरुआत हुई है। मेरे जीवन के अरण्य में, वन में, इस फॉरेस्ट में, इस जंगल में अभी-अभी तो वसंत आया है। अभी-अभी ये हरे पात खिले हैं। ये डालियाँ, ये कोमल कलियाँ खिली हैं। मैं ही अपना स्वप्न-मृदुल-कर फेरूँगा निद्रित कलियों पर। मैं इन

कलियों पर अभी-अभी हाथ फेर रहा हूँ। अभी-अभी यह सुबह, यह भोर, यह प्रत्युष मनोहर आया है। अभी-अभी तो रात पूरी हुई है और सुबह हुई है। पुष्प-पुष्प से तंद्रालस-लालसा खींच लूँगा मैं। सारे फूल जो रात भर सोए थे, उनसे जो तंद्रालस (सुस्ती) है, मैं खींच लूँगा। अपने जीवन का, नवजीवन का अमृत सहर्ष सींच लूँगा मैं। यह मेरा नया जीवन है। यह मेरा नवीन जीवन है। द्वार दिखा दूँगा फिर से उनको, हैं मेरे वे जहाँ अनंत। मैं उनको अनंत का द्वार दिखाऊँगा। अभी न होगा मेरा अंत।

मेरे जीवन का यह है प्रथम चरण। आज की यह जो सुबह है, कौन सी सुबह है? अभी पहली सुबह है मेरे जीवन की। इसके पहले तो सुबह कभी थी ही नहीं; मुझे पता ही नहीं था। यह प्रथम चरण है। इसमें मृत्यु कहाँ हैं? जीवन ही जीवन अभी पड़ा है आगे सारा यौवन। स्वर्ण-किरण कल्लोलों पर बहता रे बालक-मन। मन स्वर्ण-किरण कल्लोलों पर बह रहा है। मेरे ही अविकसित राग से (अनमैच्योर्ड मैलोडी), मेरे ही अविकसित राग से बंधु दिगंत, नया दिगंत, नया होराइज़न, नया क्षितिज अभी विकसित होगा, अभी न होगा मेरा अंत। अभी-अभी तो आया है मेरे जीवन में वसंत। तो कवि कह रहा है कि अभी तो जीवन ही जीवन है। इसमें मृत्यु कहाँ है? चारों तरफ उत्साह ही उत्साह है। यह तो प्रथम चरण है, पहली भोर है। अभी तो मैं बच्चा हूँ। अभी-अभी तो आँख खोलकर इस संसार को पहली बार देख रहा हूँ। सेलिब्रेशन, इन द प्रोग्रेस, इन द मेकिंग। सूर्यकांत त्रिपाठी 'निराला' की यह कविता है।

कुछ पत्रकार सूर्यकांत त्रिपाठी के यहाँ आये और पूछने लगे कि सूर्यकांत त्रिपाठी का घर कहाँ है? उन्हें यह नहीं पता था कि जिससे वे पूछ रहे हैं, वही सूर्यकांत त्रिपाठी हैं और वे उस समय बच्चों के साथ खेल रहे थे। शायद वे सूर्यकांत त्रिपाठी को केवल उनकी लेखनी से जानते थे। एक बूढ़ा व्यक्ति छोटे-छोटे बच्चों के साथ खेल रहा था। निराला उनसे कहते हैं कि हाँ, मुझे पता है, पर मैं अपना खेल पूरा करता हूँ, बाद में आपको बताता हूँ कि वह कहाँ है। तो वे बच्चों के साथ खेलते हैं। जब खेल पूरा हो जाता है तो उन पत्रकारों से वे कहते हैं कि निराला मैं ही हूँ। वे उनसे पूछते हैं, फिर यह आपने पहले क्यों नहीं कहा? तब वे कहते हैं, तब मैं निराला नहीं था, तब मैं छोटा बालक था, मैं इन बच्चों के साथ खेल रहा था।

भीतर एक बालक बैठा है। हर व्यक्ति के अंदर इनर चाइल्ड है और यह इनर

चाइल्ड मरना नहीं चाहिए। जो बालक है वह निरंतर जीवित रहना चाहिए ताकि वह सीखता रहे, सीखता रहे, सीखता रहे। मेरे जीवन का यह है प्रथम चरण, कहाँ इसमें मृत्यु हैं, जीवन ही जीवन अभी पड़ा है आगे सारा यौवन। स्वर्ण-किरण कल्लोलों पर बहता रे बालक-मन; अभी न होगा मेरा अंत। हर सुबह क्या है? एक नई शुरुआत। हर सुबह क्या है? एक नवीनता, एक नई भोर। **कल जो हुआ, कल जो बीत गया, उदासी, दर्द, दुःख, उसकी ज़रा भी छाप आज पर न हो। उसका ज़रा भी साया आज पर न हो।** बीते कल की परछाई (अतीत की छाया) आज पर दिखाई न दे, नहीं तो वही दुःख, वही उदासी, वही फ्लक्चुएशन्स, वही हलचल, वही दर्द, वही पीड़ा, वही आघात चेतना अपने सिर पर उठाए चल रही है। जैसे किसी के कंधे पर कोई मृत देह हो और वह बोझा लेकर व्यक्ति चल रहा है। जो हो गया, सो हो गया। अब उसका क्या? आज सब कुछ क्या है? नया। अभी-अभी तो आया है मेरे मन में मृदुल वसंत। मेरे मन में, मेरे वन में।

तो भट्ठी का आज का छठवाँ दिन और छठवाँ दिन बड़ा संवेदनशील दिन होता है क्योंकि एक नए व्यक्तित्व की रचना हो रही है और उसमें जो पुराने पैटर्न्स हैं, वे पाँचवें-छठवें दिन फिर उभरने लगते हैं। जहाँ साइलेंस रिट्रीट होती है, वहाँ छठवें दिन भागने की संभावना बहुत ज़्यादा होती है। लोग छठवें दिन ज़्यादा भागते हैं। एक- दूसरे दिन भागते हैं और दूसरा- छठवें दिन क्योंकि छठवें दिन, छह दिन से वह नहीं किया जो रोज़ कर रहे थे; जिसकी लत थी, जो एडिक्शन था, जो विकार था, बीमारी थी, एक मेंटल पैटर्न था, उदास होने का, दुःखी होने का या विकारों की तरफ आकर्षित होने का या रोने का या रूसने का, जिसका जो एडिक्शन है, उसका छठवें दिन ज़ोर से उफ़ान उठता है। **अब मन को नए डोपामिन की खोज है, उसे नई खुराक चाहिए।** अब तक उसने सहन कर लिया, पाँच दिन नहीं किया, वह दबा के रखा था, चाहे किसी भी विधि से, छठवें दिन वह बाहर निकलता है, उदासी, गहरी उदासी। छह दिन, पाँच दिन तक खुश रहे, अब वही पैटर्न फिर से इमर्ज होगा।

डोपामिन हंगर। न्यू व्यक्तित्व, नई पर्सनैलिटी क्रिएट हो रही है न, तो कुछ सहना भी पड़ेगा। अंदर की बेचैनी, मन चाहेगा कि उसी की तरफ वापस दौड़कर जाए, उसी कम्फ़र्ट ज़ोन के भीतर वापस जाए।

तो कल हमने पाँच बातें देखी थीं :

- **थर्ड पर्सन** - स्वयं को कैसे देखना? जैसे तीसरा व्यक्ति देख रहा है इसलिए वह जो एडिक्शन है, उसका फ़ोर्स, उसकी इंटेंसिटी कम हो जाएगी। वह संस्कार कोई भी हो सकता है। हम रोज़ जो प्रश्न पढ़ रहे हैं, उसमें कितनी सारी बातें हैं- दु:खी होना, उदास होना, गिल्ट में चले जाना, कोई भी पैटर्न हो सकता है। छठवें दिन वह फिर से लौटकर आएगा, इसलिए सावधान! आज का दिन भट्ठी का थोड़ा नाज़ुक दिन है। फिर उभरेंगे, वे बुलाएँगे, तुम कहाँ चले गए? कितना सुख था इसमें, उन सेंसुअल फैंटेसीज़ में, आहा हा हा.. उन कामुक कल्पनाओं में कितना सुख था, कहाँ चले गए तुम? वापस आओ। वो बुलाएँगे, आकर्षित करेंगे। यह छठवें दिन होगा।

- **पूरा आर-पार देख लेना** - आधा ट्रेलर मत देखो बस। ट्रेलर बड़ा लुभावना है और बड़ा बेईमान है। व्यक्ति पाप करता है, वह उम्मीद करता है कि नर्क में जाऊँगा पर जहाँ पहुँचता है, वहाँ तो स्वर्ग-सा माहौल है, परियाँ घूम रही हैं। वह पूछता है कि मैं कहाँ हूँ? क्या मैं स्वर्ग में हूँ? वे कहते हैं, नहीं, यह नर्क है। कहता है- कमाल है, नर्क इतना सुंदर है तो स्वर्ग कैसा होगा? और थोड़ी देर के बाद उसको सब कुछ काला-काला नज़र आता है, गरम-गरम तेल में लोगों को उबाला जा रहा है। वह कहता है-ये क्या है? कहता है-यही तो नर्क है। तो वह क्या था? वह स्क्रीन सेवर था, वह ट्रेलर था।

- **ट्रेलर बड़ा सुंदर है पर अंदर मूवी बोरिंग है।** उसी तरह जो हमारे मेंटल एडिक्शंस के ट्रेलर हैं, बड़े सुंदर हैं तो इसलिए क्या करना है? आर-पार पूरी मूवी देखनी है। वह थोड़ा-सा नहीं देखना है कि इसमें बहुत सुख है, ना, वह क्रिया करने के बाद, उस एक्ट के बाद, उस फैंटेसी के बाद जो दुःख आता है, जो पश्चाताप आता है, जो खालीपन आता है, जो ऊर्जा की रिक्तता होती है और जो सुस्ती आती है और ऊर्जा शरीर से निकल जाने के बाद जो नींद आती है उस समय तक उस मूवी को पूरा देखना है, आदि से अंत तक। यह थी दूसरी टेक्नीक जिसकी विस्तार से कल चर्चा की थी।

- **माइक्रो चॉइस स्टैक** - छोटी-छोटी कोई भी आदत इतनी शक्तिशाली नहीं है जितनी वह लग रही है। वह भी छोटी-छोटी परिस्थितियों से, छोटे-छोटे ईवेंट्स से, छोटे-छोटे आँसुओं

से, छोटे-छोटे दर्द से, छोटे-छोटे बुरा लगने से, छोटे-छोटे इमैजिनेशन्स से, छोटी-छोटी क्रियाओं से बनी हुई है, छोटे-छोटे शब्दों से बनी है, छोटे-छोटे टेक्स्ट टाइपिंग से बनी है, छोटे-छोटे वीडियोज़ से बनी है, छोटे-छोटे चैट्स से बनी है। वह पहाड़ जैसी नहीं है इसलिए हमको क्या करना है? अपने आपको बताना है कि मालिक अभी भी मैं ही हूँ। अभी मालिक ज़िंदा है। इस शरीर का मालिक अभी भी मैं ही हूँ। इतना अपने आप को शक्तिशाली मत समझ लो। तो इसके लिए भी कल क्या करना, वह हमने देखा था और होमवर्क भी किया।

- **वेगस नर्व को एक्टिवेट करने की ढेर सारी विधियाँ :** दो सिस्टम हैं- पैरासिम्पेथैटिक और सिम्पेथैटिक। सिम्पेथैटिक तनाव लाता है, एंग्ज़ायटी लाता है, पैनिक लाता है, दुःख लाता है, दर्द लाता है, बेचैनी लाता है और उस समय तुरंत अगर पैरासिम्पेथैटिक को, वेगस नर्व को (10th nerve) को एक्टिवेट कर दो तो सारा सिस्टम रिवर्स हो जाता है। उसकी कौन-कौन सी विधि थी? कोल्ड शॉक थैरेपी। सीधा ठंडा पानी मार देना, सारी बेचैनी ख़त्म। खाली देख लेना देखने से नहीं होगा। कुछ लोग तो सुबह-सुबह नहाने के लिए फ्रीज़र में पानी रखते हैं। कोई भी मौसम हो, कोल्ड शॉवर, जेम्स बॉन्ड शॉवर। ठंडे से शुरू करना, फिर गरम, फिर ठंडा, फिर गरम, ऑल्टरनेट शॉवर। इससे बॉडी का टेंपरेचर इतना तेज़ी से कम-ज़्यादा, कम-ज़्यादा चेंज होता है कि ये सब मन की जो बेईमानी है, वह सब चली जाती है। तो उसकी एक तकनीक थी कोल्ड बाथ, कोल्ड शॉवर या फिर चेहरे पर केवल पानी मारना। दूसरी क्या थी? वेगस नर्व की 4-7-8, मसाज, पैरों के लिए एक्यूपंक्चर, ये सारी बातें।
- **सैन्क्चुअरी विज़ुअलाइज़ेशन** - एक सैन्क्चुअरी, अपने अंदर एक ऐसा अभयारण्य, एक ऐसा स्पॉट, एक ऐसा गर्भगृह क्रिएट करना है जिसमें कोई लत हो ही नहीं और वहाँ जाकर बैठ जाना है।

तो साधना का आज का छठवाँ दिन। इससे पहले कि हम प्रश्नों की ओर जाएँ, कुमारों के आए हुए प्रश्न देख लेते हैं। अभी प्रश्नों की संख्या 100 के ऊपर चली गई है; प्रश्न आना जारी है :

- दूसरों से तुलना करने की आदत को कैसे दूर करें?
- शरीर में कैल्शियम की कमी को कौन-से फलों से पूरी करें? कृपया बताएँ।
- ज्ञान को व्यवहार में, विशेषकर परिस्थितियों में, लागू क्यों नहीं कर पाते? इसका कारण

क्या है?

- ओम शांति भाई जी, मैंने आपकी एक भी क्लास मिस नहीं की। अव्यक्त मुरली एमैट (AMAT) से परीक्षा दी। मैं कर्नाटक से बोल रही हूँ। शुरू में मेरी हिंदी अच्छी नहीं थी, परीक्षा कठिन लगती थी और 80% अंक से खुश हो जाती थी। अब 100% अंक भी मिल रहे हैं, लेकिन पुरुषार्थ में चलते-चलते उमंग-उत्साह कम हो गया है। पुरुषार्थ में फिर से उमंग-उत्साह कैसे लाएँ? एमैट परीक्षा में फिर से 100% कैसे लाएँ? कृपया परीक्षा देने का एक और मौका दें।
- पुरुषार्थ में बहुत सहजता मिली है। अव्यक्त मुरली भट्ठी के बाद भी अमृतवेला परीक्षा का सिलसिला जारी रखें।
- माया को नियंत्रित करने का मार्ग क्या है?

  स्वप्नदोष के बारे में अलग-अलग राय सुनने में आती है। क्या स्वप्नदोष एक सामान्य शारीरिक प्रक्रिया है? क्या इसे पूरी तरह रोकना चाहिए? कभी-कभी होने पर गिल्ट क्यों होता है? कृपया आध्यात्मिक और चिकित्सा, दोनों दृष्टिकोणों से स्पष्ट मार्गदर्शन दें।
- मैं पहले ज्ञान में स्थिर थी लेकिन अचानक एक आत्मा के प्रति आकर्षण होने लगा जो मुझसे उम्र में छोटा है। मैंने बहुत समझाने की कोशिश की लेकिन मन-बुद्धि हट नहीं रही है। अंत में मैंने उसे बता ही दिया। अब गिल्ट हो रही है, कहीं उसके पुरुषार्थ में बाधा तो नहीं बन रही हूँ। ऐसा क्या करूँ कि वह आत्मा भी सुरक्षित रहे और मैं भी इससे मुक्त हो जाऊँ? पहले अकेले का पुरुषार्थ था, अभी कंबाइंड पुरुषार्थ का टेंशन है!
- हमारा ज्ञान किस दर्शन से संबंधित है, द्वैत, अद्वैत या अन्य? कृपया स्पष्ट करें।
- मैं पिछले छह से सात महीनों से फ्रुटेरियन हूँ। मेरा वज़न 67 से 60 किलो हो गया है। मैं केवल फल, ड्राई फ्रूट्स और पीनट बटर लेती हूँ। वज़न को स्थिर करने के लिए क्या करना चाहिए?

  कृपया कुछ प्रश्नों की सूची होमवर्क के लिए दें।
- कहा जाता है कि माया ब्राह्मणों के रूप में ही आती है; इसे कैसे पहचानें? सुरक्षित रहने के लिए क्या करें?
- खाना खाते समय प्लेट गिरकर टूट जाए, क्या यह ड्रामा है? मेरी गलती है या माया या

हिसाब-किताब?

- पिछली नौकरी में 16 घंटा काम कराया जाता था, वेतन 8 घंटों का मिलता था। अब नई नौकरी मिल गई है, लेकिन पुरानी यादों से कैसे बाहर निकलें?
- हर डिपार्टमेंट एक राज्य है जहाँ पर एक राजा होता है। हम सब राजा-समान तो होते नहीं हैं। हर कोर्ट में एक वकील होता है। दुर्भाग्य से, पक्षपातपूर्ण दृष्टि के साथ हम सही निर्णय नहीं ले सकते। हर राजा के पक्षपात के लिए हम हमेशा कुछ कर ही सकें, ऐसा हो नहीं सकता। मैं पिछले 8-9 महीनों से फ्रुटेरियन हूँ। मेरा वज़न 57 से 54 किलो हो गया है। वज़न को स्थिर करने के लिए क्या आहार लूँ?
- बॉडी स्कैनिंग, रिलैक्सेशन के दौरान शरीर में झटके क्यों आते हैं?
- ध्यान में तीव्र ऊर्जा उठती है, इसे कैसे संतुलित करें?
- वास्तविक ऊर्जा अनुभव और नर्वस सिस्टम इम्बैलेंस में अंतर कैसे करें?
- अमृतवेले के बाद शरीर से अलगाव और नींद क्यों आती है? इसे कैसे संतुलित करें?
- यदि एक वर्ष का ब्रह्मचर्य आवश्यक है और बीच में किसी संस्कार के कारण चूक हो जाए तो क्या बाबा मिलन के लिए योग्य हैं?
- बॉडी स्कैनिंग और श्वास अभ्यास करते समय तेज़ विचार आते हैं, ध्यान भटकता है और बाद में चिड़चिड़ापन होता है। क्या मेरी विधि गलत है?
- यदि कोई बीमारी हो तो उसे मेडिटेशन से कैसे ठीक करें?
- योग की सही विधि क्या है?
- दवाइयों से ठीक होकर फिर बीमारी लौट आए तो क्या करें?
- मैं ज्ञान प्राप्त करना चाहता हूँ।

हम भी वही चाहते हैं। सारी खोज ही ज्ञान है तो ज्ञान को कैसे प्राप्त करें? यह न समझो कि हमें सब कुछ पता है। सोचो कविता में क्या सुना, अभी-अभी तो आया है मेरे वन में मृदुल वसंत। तो ज्ञान को यदि प्राप्त करना है तो अनुसंधान करना पड़ेगा, रिसर्च करनी पड़ेगी, स्टडी करनी पड़ेगी। इंफॉर्मेशन इज़ पावर, सूचना भी शक्ति है। नॉलेज इज़ पावर; ज्ञान शक्ति है। अंडरस्टैंडिंग इज़ पावर; एक्सपीरियंस इज़ पावर। अनुभव शक्ति है, ज्ञान शक्ति है, सूचना भी शक्ति है।

यदि आप नए शहर में जा रहे हो और आपके पास पहले से ही सारी सूचनाएँ हैं तो कितना सहज होगा। कौन-सी दुकान कहाँ है, क्या कहाँ है आपने मैप देख लिया, सब कुछ देख लिया तो सूचना शक्ति हो गई ना और आप ऐसी जगह गए जहाँ हमें वहाँ का कुछ भी नहीं पता तो हर चीज़ किसी से पूछनी पड़ेगी। खोने की संभावना बढ़ जाती है और अभी तो ज्ञान बहुत है तो उसका उपयोग करना चाहिए। इसके लिए यह न भूलो कि इंफॉर्मेशन इज़ पावर, पर यह भी नहीं कि इंफॉर्मेशन के पीछे पड़ जाओ। पर **यह याद रखना कि ज्ञान किसी भी रूप में हो, वह शक्ति है। किसी भी रूप में कोई भी ज्ञान, वह कभी-न-कभी तो काम आएगा ही।** हम यह नहीं कह सकते कि हमारा एक साल, दो साल वेस्ट हो गया। हमने जो सीखा, वह कभी-न-कभी ज़रूर काम आएगा। ज्ञान एक नई खोज है। इसलिए नए अनुसंधान निरंतर चलते रहें। जो अब तक सुना, अब तक समझा, अब तक किया, उस पर बैठ नहीं जाना है, नई खोज करते रहना है।

तो आज की पाँच नई बातें हम देखेंगे :-

1. माइक्रो-विन सेलिब्रेशन

यदि हमारी एक आदत इतने लंबे समय से 10 साल, 20 साल, 40 साल से चल रही है, उस आदत पर यदि हम 4 घंटा भी विजय प्राप्त कर लेते हैं तो उसका माइक्रो सेलिब्रेशन करना है। **अपने आपको ख़ुद ही शाबाशी देनी है। यह एक नया डोपामिन रिलीज़ करता है।** आठ घंटे यदि हमने विजय पा ली तो ख़ुद को ही बड़ी शाबाशी देनी है, उसको भीतर-ही-भीतर सेलिब्रेट करना है, पूरा एक दिन। जो व्यक्ति चाहता है कि मैं इतने दिनों से यह खा रहा हूँ, यह मुझे नहीं खाना है, फिर भी ज़बरदस्ती खा रहा हूँ और एक दिन आता है कि वह सक्सेसफुल हो जाता है, 24 घंटे तक वह उसने खाया ही नहीं तो यह जीत हो गई ना। यह किसी को बताने की बात ही नहीं है, किसी को समझाने की या दिखावा करने की नहीं, यह आंतरिक विजय है, इनर विक्ट्री है, यह कि रोज़ मन भोजन करते समय मोबाइल देखता था, आज उसने नहीं देखा तो यह जीत हो गई न। रोज़ वह पका हुआ भोजन ले रहा था, आज 24 घंटे अपक्व आहार लिया, जिसे आग ने स्पर्श ही नहीं किया है, ऐसा जीवंत भोजन लिया तो यह जीत हो गई ना।

रोज़ गरम पानी चाहिए था और आज ठंडा पानी लिया तो अपने आप यह भी जीत हो गई ना। रोज़ पिलो (तकिया) चाहिए था, आज नहीं लिया, जीत हो गई। रोज़ फ़ैन चाहिए था, आज

पूरी रात फ़ैन लगाया नहीं, बिना फ़ैन के रहे तो यह जीत हो गई ना। सुबह उठे तो पसीना-पसीना था, पर उस पसीने में भी आनंद है, पसीने से स्नान हो गया, डबल स्नान। छोटी-छोटी जो जीत होती है ना उनका माइक्रो-विन सेलिब्रेशन करना है। हमारे अंदर जो पाप किये उनकी बड़ी लिस्ट है और उसका गिल्ट बहुत ज़्यादा है कि हमने यह किया, वह किया। **अरे! पर तुमने अच्छे काम भी किए हैं, उसको क्यों भूल जाते हो? इसको हमने बहुत ही नेग्लेक्ट करके रखा है इसीलिए पुरुषार्थ के प्रति एक इनफ़ीरियॉरिटी कॉम्प्लेक्स है।** हम अपने आपको भीतर से बहुत अच्छा नहीं देखते, स्वयं को पापी की लिस्ट में गिन के रखा है। तो एक माइक्रो-विन सेलिब्रेशन, इसमें क्या-क्या कर सकते हैं? ख़ुद को थोड़ा-सा रिलैक्स करो, एक दिन कुछ म्यूज़िक दो या कोई डायरी में रेड क्रॉस या लाइन लगा दो कि आज के दिन विजयी हुआ। यह स्पेशल दिन था, जिसमें 24 घंटे वह पैटर्न इमर्ज ही नहीं हुआ, तो यह जीत हो गई ना।

2. न्यूरल पाथवे रिवायरिंग विज़ुअलाइज़ेशन

अपने मन में दो मार्ग देखने हैं: एक तो वह पुरानी लत, वह सूखा, कँटीला, गंदा मार्ग है, देखना है कि यह मार्ग धीरे-धीरे अदृश्य हो गया और एक बहुत सुंदर, चमकीला मार्ग तैयार हो गया। अब मेरा जीवन इस मार्ग पर चल रहा है। यह नया मार्ग है। वह विकार का मार्ग है, वह काम विकार का मार्ग है, सेक्सुअल एडिक्शन्स का मार्ग है। कितने लोगों ने प्रश्न पूछे अभी तक लालच का मार्ग था। कई सारे कुमार बिज़नेस में हैं, उसमें बहुत सारी चीज़ें करते रहते हैं, फॉर्जरी (नकली कॉपी बनाना), जालसाज़ी, पैसे इधर-उधर ट्रान्सफर, धोखाधड़ी, क्या कुछ होता रहता है, फ्रॉड, मनी लॉन्ड्रिंग (अवैध पैसे को वैध दिखाने की प्रक्रिया), बहुत सारा होता रहता है। बस एक संकल्प कि मुझे इस मार्ग को छोड़कर अब सच्चाई के मार्ग पर चलना है।

ख़ता लम्हों ने की थी, सज़ा सदियों ने पाई। जब्र को हमने देखा तारीख़ की नज़र से।

'जब्र' अर्थात अत्याचार को देखा हमने इतिहास की नज़र से। ख़ता लम्हों ने की थी और सज़ा सदियों ने पाई। मिस्टेक उन छोटे-छोटे पलों में हुई थी, बस अनगार्डेड मोमेंट्स (असुरक्षित क्षणों) में गलती हुई थी और उसका परिणाम पूरे जीवन में दिखाई दे रहा है। कितना अच्छा होता कि उस समय किसी ने सजग कर दिया होता, उस समय किसी ने रोक दिया होता

तो आज यह दिन देखने को नहीं मिलता। तो सेकंड है, न्यूरल पाथवे रिवायरिंग विज़ुअलाइज़ेशन।

विज़ुअलाइज़ करो, एक नया रास्ता क्रिएट हो रहा है। यह जो पुराना रास्ता है दुःख का, दर्द का, काला-काला, उसको जितना गंदा देख सकते हैं, देखें। रोने का, दुःखी होने का, उदास होने का, बेचैन होने का, दलदल देखो, गंदा देखो, सड़ान्ध देखो। ऐसा एक रास्ता और एक नया रास्ता माइंड में ही विज़ुअलाइज़ करना है क्योंकि विज़ुअलाइज़ेशन और क्रिया, कल्पना और क्रिया, दोनों से जो हॉर्मोन डोपामिन रिलीज़ होगा, वह सेम होगा। तो एक नया पाथवे बनाना है।

3. सेंसरी डंपिंग

यह हमने इससे पहले भी लिया है, सेंसरी फ़ास्टिंग। **सेंसरी डंपिंग में दिन में दो बार, दिन में दो बार सारा सेंसरी इनपुट बंद कर देना।** आँखें बंद, अंधेरा कमरा, मोबाइल नहीं, कुछ भी नहीं ऐसा कम से कम 5 से 10 मिनट। इसको कहते हैं **"डार्क रिट्रीट्स"**। विदेश में सात-सात, नौ-नौ दिन की डार्क रिट्रीट्स होती हैं, जिसमें लोगों का एक ग्रुप होता है जिनके लिए एक घर ले लिया जाता है। वह सारा अंडरग्राउंड होता है और उसमें सात दिन वे लोग रहते हैं, लाइट्स नहीं, अंधेरे में रहना है। उन सात दिनों तक कोई भी प्रकाश आने ही ना पाए। दिन में, रात में अंधेरा ही अंधेरा। वे सात दिनों के बाद एक अलग व्यक्ति बनकर निकलते हैं। किसी भी तरह का सारा नया इनपुट बंद है क्योंकि कन्टीन्यूअस इंफॉर्मेशन इनपुट आता रहता है तो अंदर का जो है वह नष्ट नहीं हो पाता है।

ऑटोफेजी: जैसे जब भी हम फ़ास्टिंग करते हैं तो फास्टिंग में हमारे शरीर को भोजन नहीं मिलता है, पानी नहीं मिलता है। ऐसे में जो पुराने सेल्स हैं, वे नष्ट हो जाते हैं। जो दोष वाले खराब बैक्टीरिया हैं, वे सब खत्म हो जाते हैं। इसे "ऑटोफेजी" कहा गया है। केवल इस एक चीज़, ऑटोफेजी के लिए जापान के डॉक्टर को नोबेल प्राइज़ मिला है। इसके लिए 16 घंटे फ़ास्टिंग मतलब रात को 8 बजे के बाद कुछ न खाना, सुबह धीरे-धीरे समय बढ़ाते जाना, पहले 12 घंटा (8 से 8), फिर 14, फिर 16 तो ये 16 घंटे इंटरमिटेंट फ़ास्टिंग। फिर वह जो 8 घंटे की विंडो है बस इसी में खाना। यहाँ पर अद्भुत शक्तियाँ प्रकट होने लगती हैं। बहुत-सी बीमारियाँ, शरीर का मोटापा, विकार वैसे ही ठीक होने लगते हैं। ऐसा रिसर्च में पाया गया है।

16 घंटे इंटरमिटेंट फ़ास्टिंग का साइंटिफ़िक रिसर्च है, परन्तु इस पर एक दिन में ही नहीं जाना है। पहले चार दिन, जिसने कभी किया ही नहीं, 4 घंटे से शुरू करो, 6 घंटे तक पहुँचो, 15-15 मिनट आगे बढ़ाओ। सुबह 8 बजे ही नाश्ता चाहिए; उसको 15 मिनट आगे बढ़ा दो, देखो क्या होता है और आगे बढ़ा दो। वास्तव में शरीर को बहुत कम चाहिए। सुबह से ही डाल दिया तो फिर दिन भर खाने की इच्छा होती है। **'भूख खाने के साथ बढ़ती है'** - यह बहुत पावरफुल वाक्य है। जब तक न खाओ, भूख नहीं लगती। एक बार खा लिया कि फिर भूख शुरू हो जाती है। मशीन स्टार्ट हो गई तो फिर तो उसको चाहिए। फिर सुबह-सुबह ले लिया, 6 बजे ही कुछ खा लिया तो फिर शुरू हो जाता है। इसलिए उठने के कुछ घंटे तक, कम से कम 2 घंटे, 3 घंटे, 4 घंटे और धीरे-धीरे 6 घंटे तक, कुछ न लेना, न पीना यह भी एक अलग प्रकार की साधना है। इसको भी एकदम नहीं किया जा सकता, धीरे-धीरे करना है। पानी लो, नींबू-पानी लो जो भी लेना है, ये सब लेते रहो, जूस लो, सीधा नाश्ता इतना हैवी डालने से अच्छा है कुछ लिक्विड्स या फ्रूट ले लो।

वास्तव में तीन बार तो भोजन की आवश्यकता ही नहीं है, वह तो शरीर के साथ बहुत बड़ा अत्याचार है, इसलिए सेंसरी डंपिंग एक अलग टेक्नीक है। इसमें क्या करना है? अगर कमरे में अंधेरा है तो बहुत अच्छा, नहीं भी है तो आँखें बंद करके कोई भी सेंसरी इनपुट उसे नहीं देना है। इसका अभ्यास करके देखो तो इससे भी डोपामिन रिलीज़ होता है क्योंकि सारा खेल डोपामिन पर चल रहा है, ये सारे एडिक्शन, बीड़ी, सिगरेट, तंबाकू, इंटरनेट एडिक्शन, सेक्स एडिक्शन, सारे एडिक्शन इन सबका खेल सेरोटोनिन, ऑक्सीटोसिन, डोपामिन, इन हॉर्मोन्स का है।

4. अपोज़िंग मसल टेंशन

जब तलब उठे, बस अभी करना ही है, बस अभी रोना ही है, मैं नहीं रह सकती रोने के बगैर, मैं नहीं रह सकता किसी को दुःख देने के बगैर, किसी को फ़ोन करने के बगैर, किसी को मैसेज करने के बगैर या फिर आँखें बंद करके सेंसुअल फैंटेसीज़ करने के बगैर.. कुछ एडल्ट कंटेंट जो मैसेजेस में आए हैं, उसकी आदत पड़ गई है, उस समय अपने दोनों हाथों को ज़ोर से भींच लेना है, अपने दाँतों को भींच लेना है और पैरों को भी। अभी करो ज़ोर से, मुट्ठी, दाँत, पैर और दोनों पैरों की उंगलियाँ और फिर रिलीज़ कर दो। यह जो मन में वेव आई है ना, यह उसको अबॉर्ट

(निरस्त) कर देगा। अभी-अभी करना है। क्या करना है? फिर से दोनों हाथों को ज़ोर से दबाना, दाँतों को दबाना और पैरों को भी, पैरों की उंगलियों को भी और छोड़ दो।

मेडिकल में हम लोग कई बार जब सी.एन.एस. एग्जामिनेशन (C N S Examination) करते हैं तो पेशेंट को डिस्ट्रैक्शन मैन्युवर करते हैं। जैसे पेशेंट का कोई टेस्ट करना है तो उसको पूछेंगे यहाँ टच हुआ तो तुमको पता चला? पता चला या कुछ हो रहा है? तो वह देखता रहता है। उसका ध्यान बँटाने के लिए उसे कहते हैं, ऐसे करो तो वह उसमें बिज़ी हो जाता है फिर हम लोग टेस्ट करते हैं। नहीं तो वह देखता रहता है कि डॉक्टर कहाँ टेस्ट कर रहा है। वह देखता है, हाँ, अभी लगा, अभी लगा, यह करता है तो फिर जहाँ टेस्ट हो रहा है उसे भूल जाता है। तो मन की जो वेव है, जो एडिक्शन है, मन की जो लहर है, उस पर अगर हम डायरेक्ट अटैक करेंगे तो नहीं होगा। यह कैसे होगा? बहुत धीरे-धीरे, उसको इनडायरेक्टली अटैक करना है तो यह भी एक टेक्नीक है।

5. अल्ट्रइस्टिक डोपामिन शिफ़्ट

जब भी हम निःस्वार्थ सेवा करते हैं बिल्कुल निःस्वार्थ तो उससे डोपामिन नैचुरली रिलीज़ होता है। जब ऐसी वेव आए ना तो क्या करना है? किचन में जाकर सेवा करना शुरू करो। किसी पेशेंट की मदद करो। **मनसा, वाचा, कर्मणा- यह भी एडिक्शन से मुक्ति का मार्ग है।** लोग क्यों डी-एडिक्शन में सफल नहीं हो पाते? एक-एक, तीन-तीन मास रहते हैं, एक-दो लाख खर्च करते हैं और जिस दिन वह छूटकर आता है, उसी दिन से पीना शुरू कर देता है, क्यों? क्योंकि उनका वह माइंड फ्री है। माइंड को बिज़ी कर देना है।

हे महावीर अब जागो, आलस्य की निद्रा को त्यागो। तमस की रात्रि से अब जागो। रूहें कलप रही हैं, दुःख-दर्द से तड़प रही हैं, दर-दर भटक रही हैं, ना-उम्मीद हो रही हैं, दिलशिकस्त होकर हिम्मतहीन हो गई हैं, यह अवस्था है। संडे की मुरली - दुःख, दर्द, बेचैनी, भय और चिंता, यह आत्माओं की स्थिति है। वह तो छोड़ो, यह सब लिखने वाले प्रश्न ब्राह्मणों के हैं। सबके मन में प्रश्न हैं। 20 साल, 15 साल, 30 साल वाले सबके मन में प्रश्न हैं। मतलब अब तक जो भी क्लासेस सुनीं, जो भी ज्ञान सुना, अव्यक्त मुरली, साकार मुरली, अव्यक्त संदेश और क्लासेस, ये हमारे चार सोर्सेज़ हैं। ये सब होने के बाद भी ये सारे प्रश्न हैं, लत अभी भी बनी हुई है।

हे मंदिर के चैतन्य बुद्ध कहलाने वाले, क्या बुद्ध की तरह दिल रखते हो? दर्द भरी आहें नहीं सुनते हो, दुःख भरी चीखें नहीं सुनते हो, हे कल्पवृक्ष के पूर्वजों! कुछ तो रहम करो। दयालु-कृपालु कहलाने वाले, दया करो। रोग-शोक पीड़ाओं से जन्म-जन्म के दुखियारे, इस भीड़ भरी दुनिया में कोई दिखते नहीं सहारे। बेसहारों को सहारा दे दो, बेचैन बेचारों को किनारा दे दो। हे महावीर अब जागो! आत्माओं की यह अवस्था है।

हमें बिज़ी रहना है। ज़रूरी नहीं है कि हमारा बिज़ी रहने का मतलब किसी को पकड़ के ज्ञान-योग पिलाना ही है। स्थूल सेवा करो। अनाथ आश्रम में जाओ, बच्चों को देखो, खेलो, उनको बहुत खुशी होती है। वृद्धाश्रम है, उन्हें हैलो भी करके आओ तो भी खुशी होती है। उनसे कोई बात करने वाला ही नहीं है। हमारी ओपीडी में एक माता आती है। उसके पति ने उसे छोड़ दिया, पति इधर ही रहता है दिलवाड़ा में अपनी दूसरी पत्नी के साथ, उसके बच्चे हो गए। 40 साल हो गए, इससे कोई संबंध नहीं। बेचारी अकेली रहती है, सड़कों पर अकेली घूमती हुई दिखती है, उसका कुछ नहीं है। म्युनिसिपलिटी में झाड़ू-पोछा करती है। तो वह ओपीडी में आती है तो कहती है, मैं यहाँ आती हूँ तभी बात करती हूँ बाकी मुझसे बात करने वाला कोई नहीं है, उसको अंदर से इतना दुःख है।

आत्माएँ बड़ी दुःखी हैं। हम उनको तुरंत ज्ञान-योग नहीं सिखाएँगे, उन्हें वह चाहिए भी नहीं, उनकी बुद्धि भी नहीं है इतनी कि वह यह सब समझ सकें। आत्माओं को क्या चाहिए? सुनने वाला चाहिए, थोड़ा सहारा चाहिए, सपोर्ट चाहिए बस थोड़ा-बहुत, यह उनको चाहिए। ऐसा करते-करते हमारे अंदर का जो दुःख है, वह दूर हो जाएगा।

हारे थके मुसाफ़िर के चरणों को धोकर पी लेने से मैंने अक्सर यह देखा है कि मेरी थकान उतर जाती है।

तो आज हमने पाँच बातें देखीं:

- **माइक्रो-विन सेलिब्रेशन** - हमारी जो छोटी-छोटी जीत होती है, उसको सेलिब्रेट करना है। उसको इतना कम नहीं आँकना है। अगर चार घंटे भी आपने कर लिए, केवल चार घंटे तो भी वह एक जीत है ना। कल 6 घंटा करेंगे, फिर 8 घंटा करेंगे, फिर 10 घंटा करेंगे, फिर 12 घंटा

करेंगे, फिर 16 घंटा करेंगे।

- **न्यूरल पाथवे** - देखना है। मन जो है ना, विज़ुअलाइज़ेशन की, चित्र की भाषा समझता है। उसे ये डिडक्टिव टीचिंग्स बिल्कुल पसंद नहीं हैं। यह करो, वह नहीं करो, डूज़-डोन्ट्स, यह मना है, वह मना है, उसको यह अच्छा नहीं लगता। उसको क्या समझ में आता है? यह मार्ग जो है, बड़ा काँटे वाला है। यह मार्ग बड़ा फूलों वाला है तो यह वह मार्ग है। यह वह भारी भोजन वाला मार्ग है, यह हल्का वाला है, मुझे यह चाहिए। यह वह हस्तमैथुन, सेक्सुअल फैंटेसीज़ का मार्ग है, यह वह फ्रेंडशिप का मार्ग है, व्यक्तियों के साथ, देहधारियों के साथ, किसी से भी दोस्ती करो, सीनियर, साथी, जूनियर, परिणाम है दुःख और धोखा। कोई भी राजा से दोस्ती करो, मंत्रियों से दोस्ती करो तो हम मंत्री हैं तो राजा से दोस्ती कर ली, दूसरे मंत्रियों से दोस्ती कर ली या प्रजा से दोस्ती कर ली, परिणाम दुःख ही है। तो यह विज़ुअलाइज़ेशन।

- **सेंसरी डंपिंग** - कुछ भी न हो, कोई भी सेंसरी इनपुट न हो। बस देखो, अंदर से डिटॉक्स होगा, भयंकर साइकोलॉजिकल गुबार अंदर से बाहर निकलेगा। इसको अगर जितना लम्बा, अगर एक घंटा कर दिया, अगर एक दिन कर दिया, तीसरे दिन तो ऐसा लगेगा कि भाग जाऊँ, इतना भयंकर होता है।

- **अपोज़िंग मसल्स** - यह इमरजेंसी मेथड है। कमरे में पाँच लोग हैं और मन में विकार ने आक्रमण कर दिया, अब क्या करोगे? आधी रात को, जब बिस्तर पर सोए हुए हैं, अब कहाँ जाएँगे? तब के लिए यह मेथड है या तो बाथरूम में ठंडा पानी तैयार रखो।

- **अल्टुइस्टिक** - अल्टुइज़्म अर्थात् परोपकार, फिलैंथ्रोपी। मुरली में शब्द आता है इसके लिए फिलैंथ्रोपी। यह दूसरा शब्द है अल्टुइज़्म या फिलैंथ्रोपी। फिलैंथ्रोपिस्ट, अल्टुइस्टिक, परोपकार करने वाले। इससे भी डोपामिन शिफ़्ट हो जाता है। तो यह भी कर सकते हैं।

तो यह आज की पाँच विधियाँ थीं।

आज का होमवर्क

1 | माइक्रो-विन सेलिब्रेशन (सूक्ष्म जीत का उत्सव)

▶ 24 बिंदुओं से एक V बनाना।

▶ आज का संकल्प: मोबाइल में कोई भी व्यर्थ चीज़ नहीं देखनी है

▶ हर घंटे चेक: अगर विजयी → एक बिंदु को जोड़ें

शाम को देखें: V कितना पूरा हुआ?

2 | न्यूरल पाथवे रिवायरिंग / न्यूरोप्लास्टिसिटी विज़ुअलाइज़ेशन

▶ दो सीढ़ियाँ कल्पना करें :

गिरती हुई (दुख, दर्द, पीड़ा, व्यर्थ)

चढ़ती हुई (शुद्ध, श्रेष्ठ, पवित्र संकल्प)

▶ नकारात्मक अवस्था → खुद को नीचे उतरते देखें

सकारात्मक अवस्था → खुद को ऊपर चढ़ते देखें

▶ अंत में : ऊपर चढ़ते-चढ़ते पवित्र स्वरूप में उड़ जाना

3 | सेंसरी डंपिंग

▶ कमरे में जाए → सब बंद

लाइट बंद | पंखा बंद | कोई सेंसरी इनपुट नहीं

5 मिनट : पूरी तरह अंधेरे में बैठना, पाँचों इंद्रियों को सूचनाएं देना बंद करना।

4 | अपोज़िंग मसल टेंशन (विपरीत मांसपेशी संकुचन)

▶ जब स्ट्रांग इमोशन आए (क्रोध / विकार / अन्य) :

मुट्ठियाँ भींचना, आँखें बंद करना, दाँत भींचना, पैरों को टाइट करना

▶ एक पत्र (उस समय के संकल्प), दूसरा पत्र (बाद के संकल्प) पर लिखें।

5 I अल्ट्रुइस्टिक डोपामिन शिफ़्ट (सेवा का रस)

- आज विशेष सेवा करनी है : वृद्धाश्रम जाना, हॉस्पिटल में मरीज की सेवा, बीमार रिश्तेदार / पड़ोसी की सेवा
- सेवा के माध्यम से : डोपामिन शिफ़्ट → स्व से सेवा की ओर

Notes :

DAY 7

We are the clouds that veil the midnight moon;
how restlessly they speed, and gleam, and quiver,
streaking the darkness radiantly -
yet soon night closes around, and they are lost forever.

हम वे बादल हैं जो आधी रात के चाँद को ढँक लेते हैं;
कितनी बेचैनी से वे दौड़ते, चमकते और थरथराते हैं,
अंधकार को उजाले की लकीरों से चीरते हुए -
फिर शीघ्र ही रात उन्हें घेर लेती है, और वे सदा के लिए खो जाते हैं।

And like forgotten lyres, whose dissonant strings
give various response to each varying blast,
to whose frail frame no second motion brings
one mood or modulation like the last.

और हम उन भूले हुए वीणाओं जैसे हैं, जिनकी बेसुरी तारें
हर बदलती हवा के झोंके पर अलग-अलग स्वर देती हैं,
जिनके कमज़ोर ढांचे में कोई दूसरी गति
पिछले जैसी भावना या स्वर नहीं ला पाती।

We rest - a dream has power to poison sleep;
we rise - one wandering thought pollutes the day.
We feel, conceive, and reason; laugh and weep,
embrace fondly, and cast off cares away;
it is the same!

हम विश्राम करते हैं - एक स्वप्न नींद को विषैला बना सकता है;
हम उठते हैं - एक भटकता विचार पूरे दिन को दूषित कर देता है।
हम महसूस करते हैं, कल्पना करते हैं और तर्क करते हैं; हँसते हैं और रोते हैं,

प्रेम से गले लगाते हैं और चिंताओं को दूर फेंक देते हैं

सब एक समान है!

For, be it joy or sorrow,

the path of its departure still is free;

man's yesterday may never be like his tomorrow

nothing may endure but mutability.

चाहे वह आनंद हो या दुःख,

उसके जाने का मार्ग हमेशा खुला रहता है;

मनुष्य का कल कभी उसके आने वाले कल जैसा नहीं होता

कुछ भी स्थायी नहीं है, केवल परिवर्तन ही शाश्वत है।

कवि अपनी इस कविता में कहता है कि इस संसार में कुछ भी स्थिर नहीं है, केवल एक चीज़ स्थिर है और वह है - परिवर्तन या बदलाव। सब बदल रहा है; चाहे खुशी हो या दुःख, दोनों ही जल्दी चले जाएँगे। मनुष्य का कल आज जैसा कभी नहीं होता। हम आराम करते हैं और एक सपना भी नींद को खराब कर देता है। हम उठते हैं तो एक भटका हुआ विचार पूरे दिन को बिगाड़ सकता है। हम महसूस करते हैं, सोचते हैं, हँसते हैं, रोते हैं, दुश्मन को गले लगाते हैं या कभी अपनी चिंताएँ छोड़ देते हैं। हम उन बादलों जैसे हैं जो आधी रात के चाँद को ढक लेते हैं। वे कितनी तेज़ी से दौड़ते हैं, चमकते हैं, काँपते हैं और अंधेरे को रोशनी की लकीरों से भर देते हैं, पर थोड़ी ही देर में रात उन्हें घेर लेती है और वे फिर खो जाते हैं या हम उन भूली हुई वीणा जैसे हैं, जिसके बेसुरे तार हर बदलती हवा के साथ अलग-अलग ध्वनि देते हैं। उनके कमज़ोर ढाँचे में कोई भी दूसरी लहर पहले जैसी भावना या सुर दोबारा नहीं ला पाती। 'It is the same! Nought may endure but mutability' - सब कुछ बदल रहा है।

1814-1815 में लिखी गई शैली की यह कविता इस संसार के क्षणभंगुर स्वभाव को दर्शाती है, जहाँ सब कुछ बदल रहा है। जो विचार आज है वह कल नहीं रहेगा; जो भावनाएँ आज हैं वह कल नहीं रहेंगी; जो परिस्थितियाँ आज हैं वह कल बदल जाएँगी।

“A dream has the power to poison the night;
we wake—one wandering thought pollutes the day.”

“एक स्वप्न में रात को विषैला बना देने की शक्ति होती है;
हम जागते हैं और एक भटकता हुआ विचार पूरे दिन को दूषित कर देता है।”

एक ही विचार सुबह-सुबह यदि गलत हो तो पूरा दिन भटक जाता है। इस संसार को जगत कहते हैं। जगत अर्थात 'गच्छति जगतः' - जो चल रहा है वह जगत है, जो मूवमेंट में है वह जगत है, जो परिवर्तनशील है वह जगत है, जो बह रहा है वह जगत है। सब बह रहा है, ऐसे अस्थिर संसार और अस्थिर जगत में स्वयं को स्थितप्रज्ञ रखना आसान कार्य नहीं है। आँधियाँ चल रही हैं, तूफ़ान हैं। क्या स्थिर किया जाए जो स्थिर रहें?

“Old pond, a frog jumps in—sound of water.”

यह तीन लाइन की कविता है - **‘पुराना तालाब, एक मेंढक कूदा, पानी की आवाज़: छपाक!’** कविता पूरी हुई। यह जापान की बड़ी प्रसिद्ध कविता है। वह पुराना तालाब अर्थात वह स्थिर मन, एक योगी का मन। मेंढक कूदता है अर्थात परिस्थितियाँ आती हैं, बातें आती हैं, घटनाएँ घटती हैं, परंतु बस एक छोटी-सी आवाज़ होती है और कुछ नहीं - पानी की आवाज़, क्योंकि योगी भीतर से स्थिर है। **पहले तो यह समझ लेना है कि यह संसार बदल रहा है - “Nothing endures but mutability.” कुछ भी स्थायी नहीं है, केवल परिवर्तन ही स्थायी है। परिवर्तन!** जो आज है वह कल नहीं रहेगा। इसलिए जो हो गया, जो बीत गया, उससे जो लगाव है और जो चिपकाव है, वह आगे के प्रवास को दुर्भर करेगा, क्योंकि जो आज है वह कल बदल जाएगा - थॉट, इमोशंस, सिचुएशन्स, सब बदल रहा है।

साधना का आज का सातवाँ और अंतिम दिन। सात दिन की यह कुमार भट्ठी आज पूरी हो रही है। हर दिन हमने ऐसी पाँच नई बातें देखीं और की भी। पुरानी आदतों से, लत से, विकारों से, संस्कारों से मुक्ति का यह मार्ग है। नए व्यक्तित्व की रचना का, स्वतंत्रता का यह मार्ग है। हमने स्वयं को कितना स्वतंत्र किया? हर व्यक्ति का संघर्ष अपना है।

उठो कुमारो, जागो कुमारो
अपना भाग्य अब तुम सँवारो
प्रचण्ड ऊर्जा के तुम भंडार हो।
शिव के तुम चैतन्य अवतार हो।।
तुम अखिल विश्व का प्रकाश हो।
स्वतंत्रता का खुला आकाश हो।।
सौ हिमालयों से भी तुम बड़े हो।
सागर से भी तुम गहरे हो।।
तुम्हारे संकल्प हैं धधकते अँगारे।
बोल में तुम्हारे वरदानों के भंडारे।।
योग तुम्हारा जैसे कि दावानल
ज्वालामुखी से जलते तुम प्रबल।
तूफानों में कश्ती को मोड़ दो।
व्यर्थ की चट्टानों को तोड़ दो।।
चेतना में हैं तुम्हारी चिंगारियाँ।
पार कर लो रास्ते की दुश्वारियाँ।।
आसमानी बिजली-सी तुम्हारी चाल।
जीवन तुम्हारा गुलाब जैसा खुशहाल।।
प्रचण्ड ऊर्जावान तुम्हारी पहचान।
परमात्म शक्ति तुम्हारी श्रेष्ठ शान।।
साहस का तुम अडिग स्तम्भ हो।
चैन से मत बैठो, सेवाधारी अखंड हो।।
सेवाधारी तुम अखंड हो।
उठो कुमारों, जागो कुमारों,
माया से अब न हारो।

सुशील भाई जी का लिखा यह गीत है। हर दिन हमने पाँच बातें देखीं और उस पर प्रयोग किया। जीवन एक अनुसंधान है। हमारा जीवन एक लैब बन जाए; जैसे साइंटिस्ट केमिकल्स की टेस्टिंग करता है, वैसे हमें टेस्ट, प्रयोग करते रहना है। **हर दिन कुछ न कुछ नया सीखते रहना है, हर दिन एक नया अनुसंधान हो। यह चेतना की लेबोरेटरी है, जिसमें स्वयं के अनुभव से ही हम जानेंगे कि हम क्या हैं, कौन हैं, किधर से आए और क्या कर रहे हैं।** हमारी इंद्रियाँ कितनी हमारे वश में हैं? हमारा मन, हमारी बुद्धि, विचार क्या हैं? मन के सूक्ष्म तलों को हम जानेंगे।

मन भी एक इंद्रिय ही है। '**इंद्रियाणाम मनश्चास्मि**' - गीता में लिखा है, अर्जुन इंद्रियों में मन मैं हूँ। जैसे बाकी इंद्रियों को वश में करते हो, वैसे मन को भी वश में करो और वह एक साधना है। आज से हर एक को एक साधना कार्ड बनाना है। उसमें हर दिन अपने साधना का चार्ट सबमिट करेंगे। **साधना चार्ट - वह सरफेस लेवल, सतही स्तर का पुरुषार्थ नहीं करना है, सतही लीपापोती नहीं, गहरा पुरुषार्थ**। भीतर कौन सी परछाईं है, कौन से दहकते अंगारे हैं, उनको साक्षी होकर देखना है। उनसे लड़ना नहीं है; लड़ाई करते ही वे शक्तिशाली बन जाते हैं। बस उनको दृष्टि देनी है - भीतर क्या है?

ख़लील ज़िब्रान की दो कुत्तों के विषय में एक कविता है। दो कुत्ते मंदिर के सामने आते हैं, देखते हैं अंदर कोई भक्त है जो प्रार्थना कर रहा है - हे प्रभु मुझे प्रेम दे, शांति दे, करुणा दे। वे कुत्ते सोचते हैं हमने कभी प्रार्थना नहीं की, हमें भी प्रार्थना करनी चाहिए। वैसे ही हमारा कुत्तों का समाज, मनुष्यों के समाज में पहले से बदनाम है कि हम केवल भौंकते हैं। वे कहते हैं - हम भी प्रार्थना करेंगे और वे दोनों कुत्ते प्रार्थना करने लगते हैं। पहला अपनी आँखें बंद करके हाथ जोड़कर कहता है - हे प्रभु, पूरी सृष्टि में हड्डियों की बारिश हो जाए, सब तरफ हड्डियाँ ही हड्डियाँ हों ताकि मुझे फिर कभी भी भूखा न रहना पड़े। आखिर प्रार्थना में वह निकल ही गया जो भीतर सबसे गहरी बात थी। दूसरे कुत्ते ने प्रार्थना की - हे प्रभु, मेरी प्रार्थना तो इससे भी सरल है; इस धरती पर जितने कुत्ते हैं सब मर जाएँ और हड्डियों की बारिश होती रहे ताकि मुझे हड्डियों के लिए संघर्ष न करना पड़े। **भीतर की इच्छाएँ, तृष्णा और वासनाएँ प्रार्थना में, योग में और अमृतवेले बाहर निकलती हैं।** उनसे लड़ना भी नहीं है; ठीक है, माना ये हैं, पर इनको देखना है।

कितने प्रश्न आ रहे हैं, ऐसे-ऐसे भयंकर प्रश्न हैं, महाभयंकर प्रश्न हैं। कुमार भट्ठी में आए हुए कुमारों के ये प्रश्न हैं। हर दिन 100-200 प्रश्न आ रहे हैं और सभी प्रश्नों के उत्तर इस मंच पर नहीं देंगे; जैसा कहा, दो और तीन तारीख को इन सभी प्रश्नों के उत्तर दिए जाएँगे -

- मैं एक विद्यार्थी हूँ। विद्यार्थी जीवन में मैं वासना, कामुकता और अश्लीलता में पूरी तरह गिर चुका हूँ। लंबे समय से मेरी चेतना में बाबा का स्मरण समाप्त हो गया है और मैं प्रतिदिन ईश्वरीय मर्यादा का उल्लंघन कर रहा हूँ। अनेक प्रयास करने के बावजूद यह विकार और बढ़ता जा रहा है। बाहर से सब सामान्य दिखता है, लेकिन अंदर से हर दिन मेरी चेतना टूटती है और रोती है। क्या ऐसी स्थिति के बाद भी मेरे उत्थान की कोई आशा है?
- जब युगल ज्ञान में न हो और शादी के बाद दबाव अधिक हो, तब ब्रह्मचर्य का पालन कैसे हो?
- कर्म सिद्धांत क्या है? क्या पिछले जन्म के कर्मों के अनुसार इस जन्म में हमारे साथ जो कुछ होता है वही होता है? बचपन में मेरे साथ कई बार ऐसा हुआ कि मुझे मृत समझकर दफ़नाने के लिए ले जाते थे पर मैं जीवित हो जाता था। कभी-कभी ऐसा लगता है यह शरीर किसी और का है और मैं उसमें विराजमान हूँ। क्या यह सब कर्मों का हिसाब है?
- संकल्प चलते रहते हैं। मैं निरंतर फलाहारी नहीं रह पाता; कुछ समय तक करता हूँ फिर खाने की इच्छा आ जाती है।
- चाय पीने से शरीर को क्या नुकसान होता है? क्या नमक शरीर के लिए ज़रूरी नहीं है? अगर पूरी तरह बंद कर दें तो क्या नुकसान होगा?
- अगर घर से विरोध हो, सेंटर जाने से रोका जाता हो जिससे श्रीमत का पालन नहीं होता हो, तो क्या करें? और अगर ऐसा अनुभव हो कि कभी शरीर छोड़ना पड़े तो कोई चिंता नहीं है - क्या यह सही है या भ्रम?
- निर्वाण षटकम बहुत शक्तिशाली है, इसे सुनकर मुझे अशरीरी अवस्था का अच्छा अनुभव हुआ। धन्यवाद।

- सेवा करने का उत्साह हो जाता है, लेकिन पेपर्स ज़्यादा आते हैं; इसे कैसे कम करें?
- बाबा की टचिंग कैसे कैच करें? तुरंत कनेक्शन कैसे जोड़ें?
- क्या इंचार्ज को श्रीमत का पालन करना चाहिए?
- क्या बाबा रूम के लेटर बॉक्स को फ़ीडबैक बॉक्स के रूप में उपयोग कर सकते हैं?
- क्या कुमारों के लिए व्हाट्सएप, टेलीग्राम हेल्पलाइन दी जा सकती है?
- क्या बिना भोजन छोड़े भी पवित्रता और ब्रह्मचर्य को अच्छी तरह अपनाया जा सकता है?
- क्या कुछ ज्ञानयोगी तीन समय भोजन करते हैं?
- जब मैं अपने आप को परम पवित्र आत्मा मानकर अभ्यास करता हूँ और वातावरण में किरणें फैलती देखता हूँ तो कुछ लोग असहज हो जाते हैं। ऐसा लगता है शायद मेरी वजह से उन्हें परेशानी हो रही है। कभी लगता है मैं ज़्यादा पवित्र हूँ इसलिए वे सहन नहीं कर पा रहे - क्या यह सही अभ्यास है? साथ ही किसी व्यक्ति की शराब की लत को कैसे छुड़ाएँ?
- मेरी दिनचर्या कैसी हो ताकि मैं पढ़ाई में आसानी से फ्लो स्टेट में जा सकूँ?
- मुझे लगता है कि मैं किसी नकारात्मक प्रभाव में हूँ जिससे मैं मुरली नहीं पढ़ पा रहा हूँ, योग नहीं कर पा रहा हूँ और पवित्रता नहीं निभा पा रहा हूँ - क्या करें?
- अपने चरित्र को समझने के लिए मुझे क्या करना चाहिए?
- मुरली में कहा जाता है, काम महाशत्रु है, आदि-मध्य-अंत दुःख देता है, सबसे बड़ी हिंसा है - इसे स्पष्ट करें।
- मैं 48 वर्ष की माता हूँ, मेरा अमृतवेला लगभग नहीं हो पाता। ऐसा लगता है कि माताओं को पीछे कर दिया गया है। हम अपने प्रश्न लेकर कहाँ जाएँ?
- मैंने कई वर्षों तक फ्रूट, लिक्विड फ़ास्टिंग आदि किया लेकिन अब वज़न बहुत कम हो गया है। कब्ज और नसों की समस्या हो गई है। दवाइयाँ भी ले रही हूँ लेकिन कमज़ोरी बनी रहती

है। कृपया मार्गदर्शन करें।

- मैं घर में अकेली ज्ञान में हूँ। घर में शराब, मांसाहार बनता है, मुझे भी बनाना पड़ता है। क्या यह सब सही है?
- साक्षी भाव का अभ्यास करते हुए चलते-फिरते कौन सा अभ्यास करें जिससे बाबा की याद बनी रहे और एक सेकंड भी व्यर्थ न जाए?
- मैं बेरोज़गार हूँ, मुझे आध्यात्मिक समाधान दो।
- अव्यक्त मुरली पढ़ रहा हूँ, लेकिन नींद की समस्या, अनिद्रा जिससे अमृतवेला नहीं हो पाता और काम विकार बढ़ जाता है। इस चक्र से कैसे निकलूँ?
- मैं सॉफ़्टवेयर इंजीनियर हूँ, मधुबन में समर्पित होना चाहता हूँ लेकिन परिवार की आर्थिक स्थिति कमज़ोर है। मैं क्या करूँ?
- मैंने शारीरिक संबंध छोड़ दिए, लेकिन स्वप्न में अशुद्ध अनुभव होते हैं जिससे थकान और पछतावा होता है। मैं क्या करूँ?
- मन की निरंतर एकरस अवस्था बनाए रखने से शरीर में क्या परिवर्तन होता है?
- ज्ञान युक्त ध्यान में जाना क्या होता है?
- मैं समर्पित होना चाहती हूँ लेकिन अनुमति नहीं मिल रही है, क्या करूँ?
- 20 साल पहले की एक नकारात्मक घटना का डर आज भी बना हुआ है, उससे पूरी तरह कैसे निकलूँ?
- क्या महिलाओं के लिए ब्रह्मचर्य आसान है?
- भावनाओं को शुद्ध कैसे करें?
- मैं 22 वर्षीय स्पोर्ट्स प्लेयर हूँ, पढ़ाई और समर्पण के बीच कन्फ्यूज़ हूँ, क्या करूँ?
- लंबे समय की आदत के कारण स्वप्नदोष होता है, ऐसे में मैं क्या करूँ?

- ✦ परिवार का एक सदस्य कैंसर से पीड़ित है, सेवा के कारण योग नहीं हो पा रहा, मैं क्या करूँ?
- ✦ टूर पर बाहर रहने पर भोजन का प्रबंध कठिन होता है, मैं क्या करूँ?
- ✦ टकराव के संस्कार को पुराना हिसाब समझें या नया हिसाब बना रहे हैं - कैसे समझें?
- ✦ अमृतवेला और दिनचर्या के बारे में मार्गदर्शन करें।
- ✦ मैं 14 वर्ष से कुमार जीवन में हूँ, लेकिन नौकरी के कारण अलग-अलग भूमिका लगती है। कभी-कभी मन में प्रश्न आता है ऐसा क्यों?
- ✦ युगल मेरी पवित्रता को प्रभावित करता है। मैं बहुत प्लानिंग करता हूँ लेकिन एक्शन के समय छोड़ देता हूँ, क्या करें?
- ✦ ज्ञान में आने के बाद पुरानी आदतें खत्म हो गई हैं लेकिन स्वप्नदोष होता रहता है, दवा से भी फर्क नहीं पड़ता, मैं क्या करूँ?
- ✦ पढ़ाई में मन नहीं लग रहा है, सेंटर पर इग्नोर्ड फ़ील हो रहा है, मुरली की पॉइंट उठाकर टॉन्ट किया जाता है, योग कैसे लगे - ऐसा संकल्प चलता रहता है।

तो ये सारे प्रश्न हैं और ये प्रश्न किसी एक ग्रुप के नहीं हैं, असंख्य अलग-अलग ग्रुप्स के हैं और प्रश्न सुनते हुए अपनी ही चेतना के भीतर झाँककर देखना है कि मेरी आत्मा में कौन से प्रश्न हैं। मेरे भीतर कौन से प्रश्न हैं? यही प्रश्न यदि मेरे सामने आ जाएँ, अपने ही मन के प्रश्नों को ऐसे देखना जैसे किसी और का प्रश्न है और मैं इसे कैसे उत्तर दूँगा तो हो सकता है हमें अपने ही प्रश्नों का उत्तर मिल जाए।

आज हम पाँच बातें देखेंगे :-

1. एनवायरनमेंटल पर्ज (पर्यावरण का शुद्धिकरण)

हमारी लत हमेशा किन्हीं वस्तुओं से जुड़ी होती है। तो जैसे ही हमने इससे पहले एक प्वाइंट देखा था - **परिवर्तन**, कमरा ही बदल देना, भाव यह है कि जो वस्तुएँ हमें पुरानी आदतों की

याद दिलाती हैं, उन सभी वस्तुओं को आँखों के सामने से हटा देना। वे सभी बातें - कोई कपड़ा, कोई पेन, कोई गिफ़्ट, उस व्यक्ति की दी हुई पुरानी अशुद्ध भावनाएँ जिससे जुड़ी हुई हैं, वह बिस्तर, वह बेडशीट, कपड़ों से लेकर वह बैग, वे सारी वस्तुएँ जो हमें पुरानी लत से जोड़ती हैं, उन सभी वस्तुओं को आँखों के सामने से हटा देना यह एक युक्ति है। फ़ोटो, पिक्चर्स, वीडियोज़ - हज़ारों फ़ोटोज़ मोबाइल में सेव किए हुए हैं, उनकी सफाई।

यदि स्वस्थ होना है तो मेडिकल में एक ही मंत्र है - सफाई। हमारी जो बड़ी आँतें हैं वे जितनी स्वच्छ होंगी, क्लीन होंगी, हमारा मन उतना शांत होगा। **गट-ब्रेन एक्सिस (आँत और मस्तिष्क के बीच का संबंध) - हमारा जो पेट है न, यह सेकंड ब्रेन है। अगर इसमें कचरा भरा हुआ है, ढेर सारे ब्लॉकेजेस हैं, पेट में जकड़न है तो मन में जकड़न होगी।** आँतें स्वच्छ नहीं हैं, उसमें सुबह से लेकर रात तक खूब सारा भोजन डाल रहे हैं - ढेर सारी चीज़ें डाल रहे हैं, मसाले डाल रहे हैं, तेल डाल रहे हैं, नमक डाल रहे हैं, पका हुआ दिन-रात डाल रहे हैं - वह सारी गंदगी उसमें भरी है, तो विचार कभी भी स्थिर नहीं हो पाएँगे।

यदि सभी बीमारियों से मुक्त होना है तो एकमात्र उपाय है सफाई। इन आँतों को स्वच्छ कर देना। पेट सफा, रोग दफ़ा। 'लंघनम् परमम् औषधम्' - उपवास परम औषधि है। यहाँ तक कि जिन लोगों को डिप्रेशन की बीमारियाँ थीं, उन्होंने भी केवल भोजन के चेंज करने से अपने बड़े-बड़े डिप्रेशंस को ठीक कर दिया है। चाहे बीमारी कोई भी हो, उपाय एक ही है - पेट को साफ करना, स्वच्छ कर देना। ये हुआ पर्यावरण की शुद्धि। यदि हम कोई चेंज कर रहे हैं, जैसे डाइट चेंज कर रहे हैं तो वे सारी वस्तुएँ हटा देनी पड़ेंगी। जो संसार के लोग होते हैं उनको वे सारी चीज़ें आँखों के सामने से हटानी पड़ेंगी तो ही उस लत से मुक्त हो सकते हैं, जिस लत से हमें मुक्त होना है और वही वस्तु अगर सामने रखी रहती है तो नहीं हो पाएँगे। हाँ, अमृतवेले उससे दूर रह सकेंगे पर दोपहर होते-होते और शाम होते-होते वह टेम्प्ट (प्रलोभित) करेगा। लोग बीड़ी-सिगरेट क्यों नहीं छोड़ पाते? क्या कारण है? मार्क ट्वेन ने कहा है -**"To give up smoking is very easy, I have done it many times." "धूम्रपान छोड़ना बहुत आसान है, मैंने इसे कई बार किया है।"**

सारा खेल उस डोपामिन का है। वह लेते ही अंदर से वह डोपामिन रिलीज़ होता है

और सुखद अनुभूति होती है - **इंस्टेंट हैप्पीनेस**। बाकी हैप्पीनेस प्राप्त करना चाहो तो श्रीमत पर चलो, मर्यादाओं का पालन करो, सुबह-सुबह उठो, फिर अमृतवेला करो और उस मेडिटेशन में थोड़ा-बहुत डोपामिन सैक्रीट, स्त्रावित हो गया तो खुशी। ये सब करना पड़ता है और यहाँ तो कुछ करना ही नहीं है, कोई पुरुषार्थ ही नहीं है; दुकान पर जाओ, पैसे दो, एक बंडल खरीदो और चालू। तुरंत! उसी तरह काम विकार - तुरंत सुख इसलिए पर्यावरण को शुद्ध कर देना।

2. न्यूरो फ़ीडबैक लेखन (हैंड-ब्रेन कनेक्शन)

यह जो हमारा नॉन-डॉमिनेन्ट हैंड है, उसका प्रयोग करना। उससे लिखने की कोशिश करो, ब्रश करने की कोशिश करो। जो भी करते हो, उल्टे हाथ से - ये ऐसा अभ्यास है जो हमारे ब्रेन को रिवायर करेगा। तो अभी डायरी खोलेंगे और उसमें एक लाइन लिखेंगे - उल्टे हाथ से लिखना है, अभी करना है। उल्टा अर्थात नॉन-डॉमिनेन्ट।

"हर व्यक्ति अपनी यात्रा में है, मैं उसकी आलोचना करने वाला कौन होता हूँ?" - यह लिखना है।

जैसे ही नॉन-डॉमिनेन्ट हैंड से संकल्प लिखा जाता है तो उसमें एक अद्भुत सी ऊर्जा आ जाती है। ऐसा करते समय हमारा ब्रेन अलर्ट और एक्टिव हो जाता है। हमने अब तक सारे मेथड्स कर लिए और सारे फ़ेल हुए हैं। ये सारे प्रश्न सुनकर तो जान लिया होगा कि अभी कुछ ऐसे मेथड्स, विधियाँ अपनानी होंगी, ऐसी विधा जो अब तक कभी की नहीं। **"हर व्यक्ति अपनी यात्रा पर है।" देखने-दिखाने का काम ही नहीं है, सारा प्रोग्राम खुद के लिए है।** जब कोई पहली बार साइकिल चलाता है तो वह पहली बार में थोड़े ही न एक्सपर्ट बन जाता है। मैराथन एक दिन में भागता है कोई? धीरे-धीरे अभ्यास करना होता है, तो यह क्या है - न्यूरो फ़ीडबैक। यह एक उदाहरण दिया, नॉन-डॉमिनेन्ट हैंड से कार्य करने का। इससे मन की भूमि में कुछ तो एक्टिवेट होगा, कुछ तो हलचल होगी, कुछ तो नया होगा।

3. नेक्टर विज़ुअलाइज़ेशन (अमृत घट ध्यान)

यह योग में करना है - यह सोचो कि मुझ आत्मा से अमृत की धारा, जैसे वह डोपामिन सैक्रीट हो रहा है और पूरे शरीर में फैल रहा है। अब **मुझे बाहर के डोपामिन की आवश्यकता नहीं**

है, मेरे भीतर ही वह स्रोत है। मैं ही उस खुशी का जनक हूँ, मेरे अंदर से ही खुशी रिस रही है, खुशी का झरना फूट गया है। मेरे ही भीतर वह खुशी का, आनंद का झरना है। यहाँ अनुभव करना है - नेक्टर विज़ुअलाइज़ेशन। वह नेक्टर मेरे ही भीतर है।

जैसे जो योगी होते हैं, तपस्वी होते हैं, वे खेचरी मुद्रा करते हैं। **खेचरी मुद्रा**; यह अपने आप में बहुत बड़ी साधना है; बहुत बड़ी। जो जिह्वा है, इसको पूरा अंदर तालु में लगा देना। इस पर सिद्धि प्राप्त करने के लिए कई वर्षों की साधना चाहिए। अगर वह हो जाए तो व्यक्ति भूख-प्यास से मुक्त हो जाता है। यह इधर पूरे अंदर तक जाए, उसके लिए उसको कई लोग खींचते हैं, अभ्यास करते हैं, बहुत सारी साधनाएँ हैं। यह खाली इतना नहीं, जिह्वा पूरा अंदर तक चली जाती है। वे कहते हैं - योगी कैसे वर्षों-वर्षों तक बर्फ़ में तपस्या करते बैठते हैं? वहाँ न फल है, न पानी है, कुछ भी नहीं है। बीहड़ जंगल में बैठते हैं। ये भूख-प्यास जैसी मानवीय कमज़ोरियों को लेकर कोई उन जंगलों में तपस्या नहीं कर सकता। उनके पास टेक्नीक्स होती हैं, जो मनुष्य की कमज़ोरियाँ हैं - भूख, प्यास, स्वाद; वे इन सब से परे निकल जाते हैं। **तो यह अनुभव करना है कि मेरे भीतर ही एक झरना है, एक डोपामिन, एक अमृत वहाँ से निकल रहा है, इसका योग में अनुभव करना है कि मुझे यह सब कुछ प्राप्त हो गया है।** सन गेज़िंग करते समय वह अनुभव करना है।

4. हाइड्रेशन विद इंटेंशन (अमृतपान)

जब भी पानी पियो तो पानी में मेमोरीज़ होती हैं - यह सबने सुना हुआ है। उसको संकल्प के साथ ही पीना है। जिसमें जितनी आदतें आई हैं, सब लोगों ने जो बताई हैं - विकार की आदत, दुःखी होने की आदत, नाराज़ होने की आदत, उदास होने की आदत, भटकने की आदत, भय... पानी पीते समय एक सेकंड संकल्प करना है कि मेरा वह विकार, मेरा वह संस्कार खत्म हो रहा है। यह पानी उस संस्कार को भस्म कर रहा है। पानी में हम एक स्मृति, मेमोरी डाल रहे हैं, इसको 'वॉटर मेमोरी' कहते हैं और 'वॉटर सबसे जल्दी संकल्पों को कैच करता है। उस संकल्प को उसमें डाल दो और फिर पियो। आवेग से मैं मुक्त हूँ।

5. विटनेस कल्मिनेशन (साक्षी का अंतिम अभिषेक)

रात को सोते समय पूरे दिन में जो कुछ हुआ, उसको रिवर्स रूप में सारा देखना है।

सोने से तुरंत पहले क्या किया? फिर उससे पहले, फिर उससे पहले, सुबह तक पहुँचना है और उन सबको साक्षी होकर देखना और रात को लेटे हुए बिस्तर पर उसे समर्पित कर देना और फिर सो जाना। जैसे अब यह सारा जो हुआ, उससे मेरा कोई संबंध नहीं है। मैं अलग, यह अलग। मैं मुक्त हूँ, मैं अलग हूँ - यह संकल्प। नहीं तो किसी ने कहा न - 20 साल पुरानी घटना, उसका प्रभाव आज तक है।

एक बहन आई थी, उसने कहा था 20 साल पहले एक नारियल गिरा था सिर पर, आज भी दर्द होता है। सारे रिपोर्ट्स हो गए, एमआरआई 10 बार हो चुका है, सब नॉर्मल है और वह दर्द अभी भी जारी है। उससे पहले नहीं था, 20 साल से है। यह चोट कहाँ लगी है - सिर में या चेतना में? कहीं और ही कनेक्शन जोड़ा है कि यह हुआ उसकी वजह से वह हुआ और माइंड ऐसे कनेक्शन जोड़ देता है और जो वह जोड़ेगा वह सत्य होगा। इसलिए इस मन पर ही काम करना है। ये मन बड़ा धोखेबाज़ है, बड़ा बेईमान है - कहाँ से कहाँ जोड़ देता है। इसके लिए अभी नए कनेक्शन्स, न्यूरोप्लास्टिसिटी, उसकी पूरी नई रिवायरिंग करनी है। यह खाली डाइट बदलने से, चार दिन कहीं नेचर की गोद में जाने से या 10 दिन ब्रह्मचर्य करने से या कोई भट्ठी करने से, कोई क्लास सुनने से या कुछ लिखने से नहीं होगा। जो भी हमें नई आदत निर्माण करनी है, उसकी रिवायरिंग करनी होती है। नई वायरिंग, उसके लिए अफ़र्मेशन्स चाहिए, वे संकल्प चाहिए, ढेर सारे अच्छे-अच्छे संकल्प चाहिए। विज़ुअलाइज़ेशन चाहिए - मन की आँखों में उसको देखना है - मैं अपने आपको ऐसा देखना चाहता हूँ; ऐसा स्थिर।

तो ये आज की पाँच बातें:-

उस लत से जुड़ी हुई सारी वस्तुओं को हटा दो।

नॉन-डॉमिनेन्ट हैंड से लिखने या कुछ कार्य करने का अभ्यास। सर्कल बनाना, जैसे एक साथ एक हाथ से सर्कल बनाओ और एक हाथ से ट्रायंगल। ब्रेन जिम करो - एक हाथ से हवा में सर्कल बनाओ और एक हाथ से ट्रायंगल। एक हाथ से सर्कल, एक हाथ से ट्रायंगल। एक हाथ से घंटी बजाओ, दूसरे हाथ से थाली। थाली और घंटी एक साथ, पूरा हाथ नहीं हिलाना है, हाथ स्थिर। यह जब ऊपर जाएगा तो यह नीचे आएगा और यह जब नीचे आएगा तो यह ऊपर जाएगा। तो ये सब

एक्टिविटीज़ माइंड को एक्टिवेट करने के लिए हैं।

अंदर ही अमृत का एक झरना है जो बह रहा है।

उसके बाद में जब-जब पानी पियो तब-तब हमारी जो सबसे गहरी आदत या लत है, उसको पानी के साथ जोड़ना है और संकल्प करना है - वह लत, वह आदत, वह एडिक्शन, वह संस्कार, वह स्वभाव, वह दुःख, वह पीड़ा, वह दर्द, वह स्मृति, वह चिंता, वह भय सब नष्ट हो रहा है। यह पानी अमृत है, इस पानी में वह पावर है, मैं यह संकल्प इस पानी में डाल रहा हूँ।

रात को जब बिस्तर पर लेट गए, एक साक्षी भाव से सारी दिनचर्या को रिवर्स रूप में देख लेना।

तो आज की यह भट्ठी यहाँ पूरी करते हैं। इस भट्ठी में हर दिन हमने पाँच बातें देखीं।

Notes :

कई सारे कुमारों ने हमसे पूछा था कि क्या ब्रह्मचर्य की कुछ बुक्स हैं? तो ये हमारे पास कुछ फ़ेमस बुक्स हैं जो आप पढ़ सकते हैं -

एक तो **हमारे जगदीश भाई जी की ब्रह्मचर्य के ऊपर लिखी हुई एक बुक** है, वह सबने पढ़ी होगी।

दूसरी यह एक बुक है, ब्रह्मचर्य पर सबसे पावरफुल बुक गिनी जाती है। यह इंग्लिश में लिखी है और उसका यह हिंदी वर्ज़न है। यह इस्कॉन के प्रभुपाद के जो एक शिष्य थे, उन्होंने लिखी है। यह बहुत-बहुत स्ट्रॉन्ग और बहुत पावरफुल बुक है। इसमें बहुत सारी चीज़ें भक्ति की लिखी हैं, परंतु ब्रह्मचर्य तो इंटरनेशनल टॉपिक है, उसका किसी संस्था से संबंध नहीं है। इसमें जो बातें लिखी हैं वे बहुत गहरी बातें हैं - व्यायाम से लेकर स्वच्छता तक, सब कुछ अलग-अलग है। इस बुक का नाम है - '**ब्रह्मचर्य इन कृष्णा कॉन्शियसनेस**'।

यह जैनिज़्म की बुक '**ब्रह्मचर्य विज्ञान**' श्री पुष्कर मुनि जी की है। यह भी बहुत-बहुत डीप बुक है।

एक मराठी बुक है, इसका कोई हिंदी ट्रांसलेशन नहीं है, पर इसमें 40 बहुत गहरी-गहरी विधियाँ लिखी हैं। सभी ब्रह्मचर्य बुक्स में से यह जो बुक है '**ब्रह्मचर्य हेच जीवन**' - यह सबसे डीपेस्ट में गिनी जाती है।

एक दूसरी भी बुक है ऋषिकेश वाले स्वामी शिवानंद की। स्वामी शिवानंद - यह हिंदी वर्ज़न है, लेकिन इसमें बहुत भारी हिंदी है। यह सभी कुमारों के लिए यूनिवर्सल बुक में गिनी जाती है, यह सबसे पावरफुल बुक है। इसमें खाली ब्रह्मचर्य की बात नहीं है, संपूर्ण इंद्रिय निग्रह; कोई एक विकार नहीं सभी की बात है। यह इंग्लिश में तो ऑनलाइन फ़्री उपलब्ध है, पर हिंदी वाली अगर चाहिए तो अमेज़न पर सब जगह मिल जाएगी। यह एक ऐसी बुक है जिसमें बहुत डीप बातें हैं तो ऐसी बहुत सारी बुक्स उपलब्ध हैं। यह एक ऐसा टॉपिक है जिसके बारे में रोज़ पढ़ते रहना है ताकि उसकी वजह से हमारा माइंड बिज़ी रहे।

'**द फ़्लीटिंग एक्सपीरियंसेस**' - इसमें हमारी 2006 की बहुत पुरानी कविताएँ लिखी हुई है।

आज इस भट्ठी को यहाँ समाप्त करते हैं।

आज का होमवर्क

1 । एनवायरनमेंटल पर्ज (पर्यावरण का शुद्धिकरण)

- अपने कमरे में 30 मिनट बैठकर योग करना है और जो जो चीज भगवान से अलग करती हैं उनको अलग कर देना है यह प्रैक्टिकल अभ्यास करना है।

2 । न्यूरो फ़ीडबैक लेखन (हैंड-ब्रेन कनेक्शन)

- "हर व्यक्ति अपनी यात्रा पर है, मैं उसकी आलोचना करने वाला कौन हूँ।" इसको अपने नॉन डॉमिनेंट हैंड से लिखना - जो रेगुलर लेफ्ट यूज़ करते हैं वो राइट से लिखें।

3 । नेक्टर विज़ुअलाइज़ेशन (अमृत घट ध्यान)

- 15 मिनट तक खेचरी मुद्रा में ध्यान करना अपनी जीभ को पीछे मोड़ के और ध्यान करना है।

4 । हाइड्रेशन विद इंटेंशन (अमृतपान)

- जब भी हम पानी पिएँ या कुछ जूस/ड्रिंक करें, तब भी हमें उसमें संकल्प भरना है और जो भी हमारे अंदर कोई कमजोरी है उसे मुक्त होने के लिए पॉजिटिव शक्ति देनी है और फिर उसको पीना है और यह महसूस करना है कि वह कमजोरी मुझसे दूर जा रही है।

5 । विटनेस कल्मिनेशन (साक्षी का अंतिम अभिषेक)

- इसमें यह अभ्यास करना है कि सोते समय सोने से पहले हमें रिवर्स में सारी दिनचर्या को देखना है जो लास्ट मोमेंट घटा और फिर अमृतवेला तक, हमने क्या किया इसका विचार करें और बाबा को गुड नाइट बोलकर सो जाएँ।

Notes :

21 दिन की चेकलिस्ट - " हर एक टिक को सेलिब्रेट करें "

- [ ] नई डायरी खरीदो – "21 दिन तपस्या भट्टी" लिखो (साधना डायरी)
- [ ] साधना कार्ड बनाकर उसमे चार्ट पॉइंट लिख हमेशा साथ रखना
- [ ] एक व्यक्तिगत भट्टी का विषय चुनो - ब्रह्मचर्य / अमृतवेला / संबंध / करियर / व्यसन – जो सबसे कमज़ोर है
- [ ] "ना" की सूची बनाओ - एडल्ट कंटेंट, वेब सीरीज, रात को देर से फोन – हेडिंग लिखो: "बाबा ने मना किया है"
- [ ] अपने चुने हुए विषय पर रोज़ पढ़ो / अध्ययन करो ज्ञान + योग + लेखन – तीनों साथ करो
- [ ] संबंधों पर काम करो – स्पष्टता का चार्ट बनाओ हर संबंध लिखो, अनावश्यक इन्वॉल्वमेंट छोड़ो, डिटैच होते जाओ
- [ ] हर हफ्ते काम से काम एक बार मनसा, वाचा और मोबाइल का मौन रखा

➡ सालाना पूरे शरीर का स्वास्थ्य जांच कराओ - रोगी शरीर आलस्य / विकारों को आकर्षित करता हैं

" What we learned unconsciously, we must now unlearn consciously"

- BK Dr. Sachin bhai

KKK De-addiction Chart

नाम : ____________________ स्थान : ____________________

प्रश्न	1	2	3	4	5	6	7	8	9	10
अमृतवेला – उठो और ध्यान करो [20 अंक]										
मुरली पढ़ो और चिंतन करो [10 अंक]										
दृष्टि नीचे रखने का अभ्यास [10 अंक]										
हल्का और सात्विक भोजन [10 अंक]										
नंगे पांव जमीन पर 45 मिनट चलो (प्रकृति का सानिध्य) [10 अंक]										
व्यायाम – दौड़ना / चलना / तैरना / साइकिल चलाना [10 अंक]										
विचार, संघर्ष, जीत - साधना डायरी में लिखो [20 अंक]										
मानसिक अभ्यास 10 मिनट खुद को व्यसन-मुक्त देखो [10 अंक]										

प्रश्न	11	12	13	14	15	16	17	18	19	20	21
अमृतवेला – उठो और ध्यान करो											
मुरली पढ़ो और चिंतन करो											
दृष्टि नीचे रखने का अभ्यास											
हल्का और सात्विक भोजन											
नंगे पांव जमीन पर 45 मिनट चलो (प्रकृति का सानिध्य)											
व्यायाम – दौड़ना / चलना / तैरना / साइकिल चलाना											
विचार, संघर्ष, जीत - साधना डायरी में लिखो											
मानसिक अभ्यास 10 मिनट खुद को व्यसन-मुक्त देखो											

1. कुमार करें कमाल

प्रभु का वो लाल है, करता कमाल है,
कोटों में कोई वो ब्रह्माकुमार है।

सूर्य-सा तेज है जिसमें,
अग्नि-सा प्रखर है।
वायु-सा वेग जिसमें,
धरती-सा धैर्य है।
वसुंधरा का वो रूहानी श्रृंगार है।

कुमार करें कमाल,
शिव के लाल करें कमाल,
ब्रह्माकुमार करें कमाल।

प्रभु का वो लाल है, करता कमाल है,
कोटों में कोई वो ब्रह्माकुमार है।

चेहरे पर तेज है, वाणी में ओज है।
हृदय में करुणा है जिसके,
मुख में मधुर बोल हैं।
दिल में दिलाराम का दिखता प्यार है।

कुमार करें कमाल,
शिव के लाल करें कमाल,
ब्रह्माकुमार करें कमाल।

प्रभु का वो लाल है,
करता कमाल है,
कोटों में कोई वो ब्रह्माकुमार है।

विवेक है गणेश जैसा,
शक्ति में भीम है।
लक्ष्य है अर्जुन जैसा,
अंगद-सा स्थिर है।
पवित्रता में दिखता
जैसे सनत कुमार है।

कुमार करें कमाल,
शिव के लाल करें कमाल,
ब्रह्माकुमार करें कमाल।

2. क्रांति का नाद गूँजे रे

ॐ शांति रस बरसे रे...
ॐ शांति रस बरसे रे...
ॐ शांति रस बरसे रे...

ॐ शांति ॐ शांति
ॐ शांति ॐ शांति

क्रांति का नाद गूँजे रे,
प्राणों में प्राण भरें रे।
ऊर्जा की अग्नि जले रे,
ॐ शांति रस बरसे रे...

ये क्रांति है प्राण की
ऊर्जा के उत्थान की
आरोहण है शक्ति का
संरक्षण है ब्रह्मचर्य का।
ॐ शांति रस बरसे रे...
ॐ शांति रस बरसे रे...

नर्तन है संकल्प का
गीत है परिवर्तन का
ये क्रांति है प्रचंड
ये क्रांति है अखंड।

ये ऊर्जा है अग्नि-कुंड
ये ऊर्जा है यज्ञ-कुंड
संगम में है संभव
उत्क्रांति थी जो असंभव।।

असंभव संभव की है ये अभिक्रांति
ॐ शांति से ही मिटे हर भ्रांति।

जग में फैले उजियारा,
हर दिल में प्रेम की धारा।
मानवता का हो उत्थान,
शिव बाबा का हो गुणगान।।

ॐ शांति ॐ शांति ...
ॐ शांति ॐ शांति ...

3. उठो हे बागी, जाग उठो

उठो हे बागी, जाग उठो,
हाथ में मशाल ले, विजय का शंखनाद कर।
शक्ति भर भुजाओं में, तूफ़ान के हाथ बाँध चल।
तू वो नहीं जो झुक गया, आँधियों के आने से;
खामोश हो मुड़ चली, तुमसे जो टकराने से।
लगा छलांग आसमान में, खुद को तू आज़ाद कर।

उठो हे बागी, जाग उठो...
हाथ में मशाल ले, विजय का शंखनाद कर।

तोड़ फेंक बेड़ियाँ जो पैरों में पड़ी हुई,
तोड़ दे कुरीतियाँ समाज की गढ़ी हुई।
खुद को ऊँचा तू उठा, आसमान झुक जाएगा;
भेड़ियों के झुंड पर आज तू ललकार कर।

उठो हे बागी, जाग उठो...
हाथ में मशाल ले, विजय का शंखनाद कर।

तू जो आगे न बढ़ा,
कारवाँ रुक जाएगा।
उम्मीदों के रास्तों का सिलसिला थम जाएगा।
दे के ज्योति हर हृदय में, जीत का पैग़ाम कर।

उठो हे बागी, जाग उठो...
हाथ में मशाल ले, विजय का शंखनाद कर।

4. उत्सव है क्रांति का

जाग उठो ओ वीरों,
अब न झुको, न रुको।
क्रांति का बिगुल बजा है,
मुक्ति का द्वार खुला है!

निर्भय हो...निडर हो तुम
निर्भय हो...निडर हो तुम
निर्भय हो...निडर हो तुम

उत्सव हैं क्रांति का
पर्व हैं संघर्ष का

गीत है विद्रोह का
संगीत है विप्लव का

बाहर नहीं कोई शत्रु
चिरशत्रु भीतर हैं विराजित

वासनामयी चेतना
प्रदुष्ट विवेक
क्षीनकाय आत्मबल
बोझिल स्मृति

वेला आयी नवजागरण की
मोहनिद्रा से पुनर्जागरण की

खिंची हैं तलवारें
सज उठा है लश्कर

रणचण्डी रक्त की प्यासी खड़ी
मुक्ति मुक्ति पुकारती खड़ी

विजयी हो तुम वीर हो
निरामय हो तुम निर्विकार हो !

निर्भय हो...निडर हो तुम
निर्भय हो...निडर हो तुम
निर्भय हो...निडर हो तुम

5. मैं अग्निवीर

चल निडर हो, ओ अग्निवीर,
अग्निपथ ही तेरी तक़दीर।
हर श्वास में बस एक ही पुकार—
मैं अग्निवीर...मैं अग्निवीर...

अग्निपथ...अग्निपथ...
जलता रहे ये अंतर पथ...
हर सांस बने तप की लकीर,
मैं अग्निवीर... मैं अग्निवीर...

ना रुकना है, ना झुकना है,
बस आगे ही बढ़ना है...
सत्य-ज्योति का बनकर वीर,
मैं अग्निवीर... मैं अग्निवीर...

यह गुप्त साधना का है पथ,
हर श्वास यहाँ अग्नि की कसौटी।
कभी तपस्या, कभी संघर्ष,
तो कभी आत्मा की मौन ज्योति।

अग्निपथ पर कदम बढ़ाना है,
भय और मोह सब त्याग जाना है।
काँटे चुभें या आँधियाँ उठें,
सत की इस ज्योति को हर दिल में जगाना है।

अग्निपथ...अग्निपथ...
जलता रहे ये अंतर पथ...
हर सांस बने तप की लकीर,
मैं अग्निवीर... मैं अग्निवीर...

ना रुकना है, ना झुकना है,
बस आगे ही बढ़ना है...
सत्य-ज्योति का बनकर वीर,
मैं अग्निवीर... मैं अग्निवीर...

ये योग अग्नि नहीं केवल जलाती,
ये शुद्ध भी करती है हर कण-कण।
जो भीतर के अंधकार को मिटा दे,
है यहीं, अग्निपथ का अमर प्रण।

ये अग्नि करती वासनाओं को भस्म,
ये अग्नि करती अहंकार का अंत।
जो इस मार्ग पर चलता दृढ़ता से,
वो पा लेता परमात्मा का अंत।

अग्निपथ... अग्निपथ...
जलता रहे ये अंतर पथ...
हर सांस बने तप की लकीर,
मैं अग्निवीर... मैं अग्निवीर...

ना रुकना है, ना झुकना है,
बस आगे ही बढ़ना है...
सत्य-ज्योति का बनकर वीर
मैं अग्निवीर... मैं अग्निवीर...

अग्निपथ पर तू नहीं अकेला,
भगवान स्वयं संग-संग चलते।
हर आँसू को मोती बनाते,
हर पीड़ा को सहज ही हरते।

यह पथ कठिन है, पर है अमर,
यही मुक्ति का सच्चा द्वार।
अग्निपथ ही साधक की पहचान है,
यही तपस्वी जीवन का आधार।

अग्निपथ... अग्निपथ...
जलता रहे ये अंतर पथ...
हर सांस बने तप की लकीर,
मैं अग्निवीर... मैं अग्निवीर...

ना रुकना है, ना झुकना है,
बस आगे ही बढ़ना है...
सत्य-ज्योति का बनकर वीर
मैं अग्निवीर... मैं अग्निवीर...

चल निडर हो, ओ अग्निवीर,
अग्निपथ ही तेरी तक़दीर।
जहाँ अंत में न कोई दुःख, न भय—
केवल परमात्मा का अमर आश्रय...

मैं अग्निवीर... मैं अग्निवीर...

6. हे महावीर, अब जागो

हे महावीर अब जागो,
आलस्य की निद्रा को त्यागो,
तमस की रात्रि से अब जागो।

रूहें कलप रही हैं,
दुःख-दर्द से तड़प रही हैं,
दर-दर भटक-भटक कर
नाउम्मीद हो गई हैं,
दिलशिकस्त होकर
हिम्मतहीन हो गई हैं।

हे मंदिर के चैतन्य बुत कहलाने वाले,
क्या बुत की तरह दिल रखते हो?
दर्द भरी आहें नहीं सुनते हो,
दुःख भरी चीखें नहीं सुनते हो।

हे महावीर अब जागो,
आलस्य की निद्रा को त्यागो,
तमस की रात्रि से अब जागो।

हे कल्पवृक्ष के पूर्वजों,
कुछ तो रहम करो,
हे दयालु, कृपालु कहलाने वाले,
कुछ तो दया करो।

रोग-शोक पीड़ाओं से
जन्म-जन्म के दुखियारे हैं,
इस भीड़ भरी दुनिया में
कोई दिखते नहीं सहारे हैं।
बेसहारों को सहारा दे दो,
बेचारों को किनारा दे दो।

हे महावीर अब जागो...
तमस की रात्रि से अब जागो...

7. उठो कुमारों, जागो कुमारों

उठो कुमारों, जागो कुमारों
अपना भाग्य अब तुम सँवारों

प्रचण्ड ऊर्जा के तुम भंडार हो।
शिव के तुम चैतन्य अवतार हो।।

तुम अखिल विश्व का प्रकाश हो।
स्वतंत्रता का खुला आकाश हो।।

उठो कुमारों, जागो कुमारों
ओ शिवबाबा के राज-दुलारों

सौ हिमालयों से भी तुम बड़े हो।
सागर से भी तुम गहरे हो।।

तुम्हारे संकल्प हैं धधकते अँगारे।
बोल में तुम्हारे वरदानों के भंडारे।।

उठो कुमारों, जागो कुमारों
अपने कर्मों को तुम सुधारों

योग तुम्हारा जैसे कि दावानल।
ज्वालामुखी से जलते तुम प्रबल।

तूफानों में कश्ती को मोड़ दो।
व्यर्थ की चट्टानों को तोड़ दो।।

उठो कुमारों, जागो कुमारों
एक भगवान को तुम निहारों

चेतना में तुम्हारी हैं चिंगारियाँ।
पार कर लो रास्ते की दुश्वारियाँ।।

आसमानी बिजली-सी तुम्हारी चाल।
जीवन तुम्हारा गुलाब जैसा खुशहाल।।

उठो कुमारों, जागो कुमारों
अपनी शक्ति को पहचानो

प्रचण्ड ऊर्जावान तुम्हारी पहचान।
परमात्म शक्ति तुम्हारी श्रेष्ठ शान।।

साहस का तुम अडिग स्तम्भ हो।
चैन से मत बैठो, सेवाधारी अखंड हो।।

उठो कुमारों, जागो कुमारों
माया से अब न हारो

रक्त में दौड़ रही बलिदान की बूंदें।
यूँ न बैठो तुम, आँखें मूँदे।।

पुरुषार्थ की तुम बुलंद हुंकार हो।
मायावी चुनौतियों की ललकार हो।।

उठो कुमारों, जागो कुमारों
मधुबन-सा हर घर को सजाओ

सुन लो आत्माओं की दर्दभरी पुकार।
तुम हो विश्व के विशेष तारणहार।।

देते चलो जगत को शक्तियों की सकाश।
अग्निवीर बनकर फैलाते चलो प्रकाश।।

उठो कुमारों, जागो कुमारों
बाबा के ओ दिव्य सितारों।।

Angel of Shiva

Scan QR Code or visit links to join group for getting daily classes of BK Dr Sachin Bhai, Madhuban & Angel Of Shiva group.

Hindi Classes
http://tiny.cc/aoshindiwapp
Whatsapp

Hindi Classes
http://tiny.cc/aoshinditelegram
Telegram

English Classes
http://tiny.cc/aosenglishwapp
Whatsapp

English Classes
http://tiny`.cc/aosenglishtelegram
Telegram

Telugu Classes
http://tiny.cc/aosteluguwapp
Whatsapp

Telugu Classes
https://t.me/angelofshivatelugu
Telegram

Nepali Classes
https://tiny.cc/aosnepaliwapp
Whatsapp

Nepali Classes
https://t.me/angelofshivanepali
Telegram

Tamil Classes
http://tiny.cc/aostamilwapp
Whatsapp

Tamil Classes
https://t.me/aostamil
Telegram

Class Website
https://angelofshiva.com

Avyakt Murli Tests
https://amataos.online/

Daily Classes: 5 to 6 am (IST) at Pandav Bhavan

www.ingramcontent.com/pod-product-compliance
Lightning Source LLC
LaVergne TN
LVHW100327210926
848480LV00003B/1279